Just Bergner & Karsten Oehmichen

JENA aus der Luft

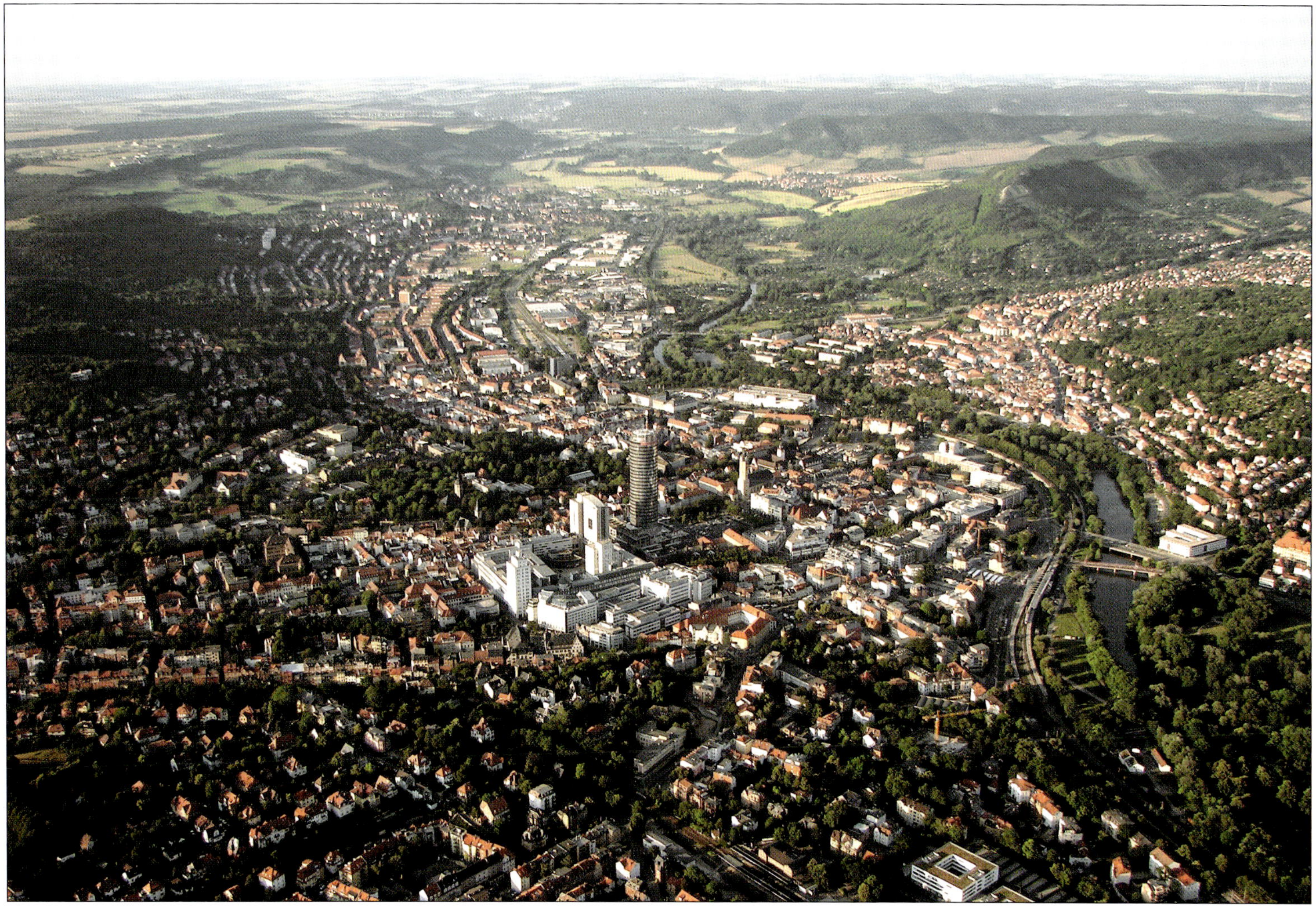

Faszinierende Ansichten der Saalestadt - fotografiert aus dem Heißluftballon

Bildnachweis:

Anett Bornkessel

Frank Cebulla

Birgit Lemser

Uta Möller

Karsten Oehmichen

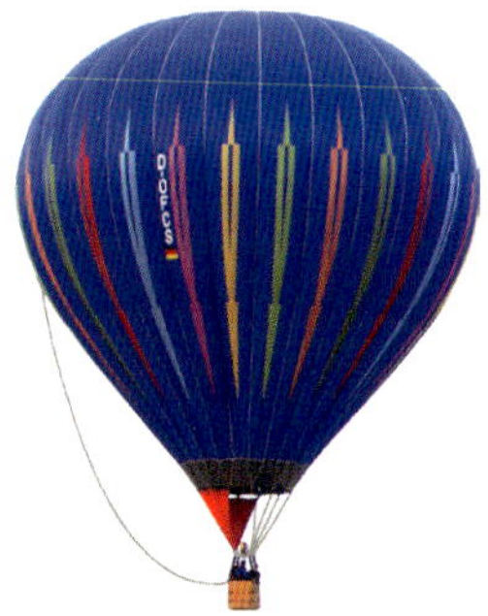

Titelbild: Das Jenaer Stadtzentrum mit dem nicht zu übersehenden **INTERSHOP–Turm**, mit dem **Eichplatz**, der **Stadtkirche St. Michael** und **unserem Marktplatz**. Das **Planetarium** im Hintergrund, **das erste der Welt**, „schwebt" förmlich auf der Turmspitze. (20.09.2006)

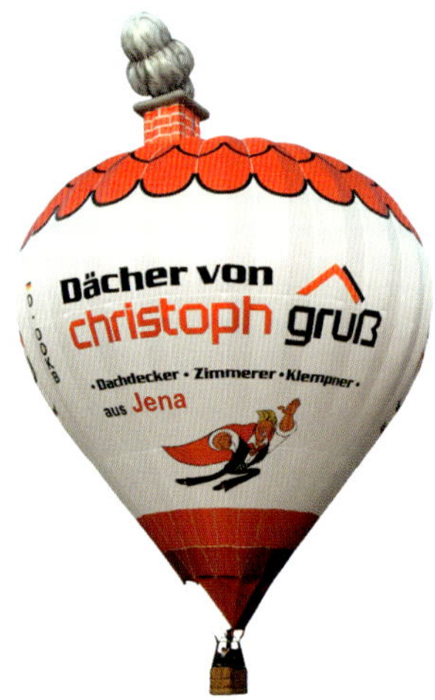

1. Auflage 2008

Druck und buchbinderische Verarbeitung:
Werbedruck Schreckhase GmbH, Spangenberg

34128 Kassel, Richard-Strauß-Straße 33, Tel. (0561) 9 37 17 38
www.Herkules-Verlag.de
ISBN: 978-3-937924-73-1

Über den Dächern unserer Stadt

Vor einhundert Jahren, genau am 25. August 1908, erlebte **Jena** den ersten bemannten Ballonaufstieg. Neben dem Berliner Führer Oberleutnant Ruge befanden sich **noch drei Jenaer mit im Korb.** Darunter auch der bekannte Jenaer Physiker und Begründer der Luftbildfotografie, **Dr. Ernst Wandersleb.**

Startplatz war **die Wiese am alten Gaswerk.** Nach 180 km Luftfahrt setzte der Berliner Ballon „Gross" bei Rauschwitz in der Oberlausitz wieder auf.
Damals besaßen die Thüringer Luftfahrer noch keinen eigenen Ballon. Es war üblich, sich an den Fahrten anderer Vereine zu beteiligen.
Seinerzeit wurden Ballone mit Stadtgas befüllt, während der Auftrieb heute meist mit heißer Luft erzeugt wird. So auch bei den Heißluftballons des **Ballonteams Jena.**

Die sehr schönen und interessanten Fotos in dem vorliegenden Bildband **„JENA aus der Luft"** werden den Betrachter immer mehr begeistern.
Aus dieser, wohl für die meisten Jenaer unbekannten Perspektive, werden viele etwas Mühe aufbringen müssen, sich auf den Aufnahmen zurechtzufinden.
Es ist faszinierend, wie schön Jena „von oben" aussieht, eingebettet in eine grüne Landschaft, ringsum von Bergen umgeben. Einfach herrlich.

Es war nicht einfach, aus der Fülle des Bildmaterials vom Ballonteam Jena die passenden und auch die schönsten Aufnahmen herauszusuchen. Aber ich denke, die Mühe hat sich gelohnt.
Natürlich ist es wichtig zu wissen, wann die jeweilige Aufnahme gemacht wurde. Der Bildtext informiert Sie auch darüber.

Steigen Sie ein. Lassen Sie sich vom Wind treiben. Wer weiß, wohin die Luftfahrt geht. **Genießen Sie die herrlichen Blicke auf „JENA aus der Luft".**

Weitere 4000 Luftbilder aus der Umgebung sind im Internet auf www.jena-thueringen.de zu finden.

Just Bergner

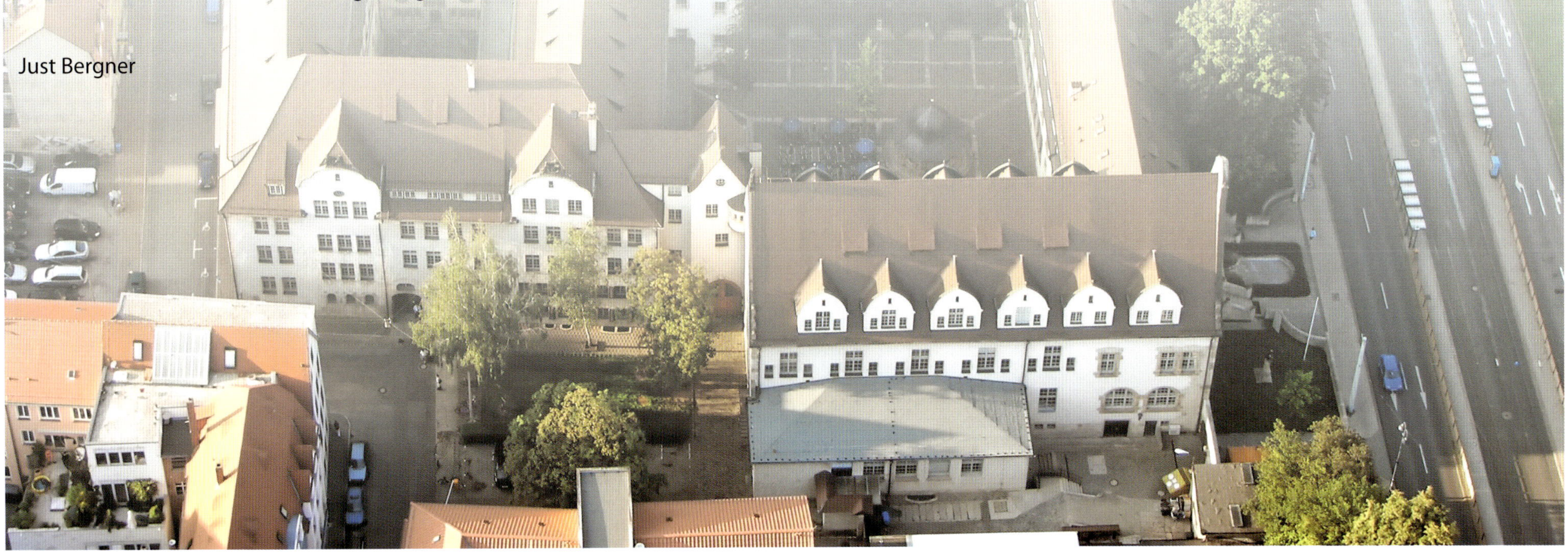

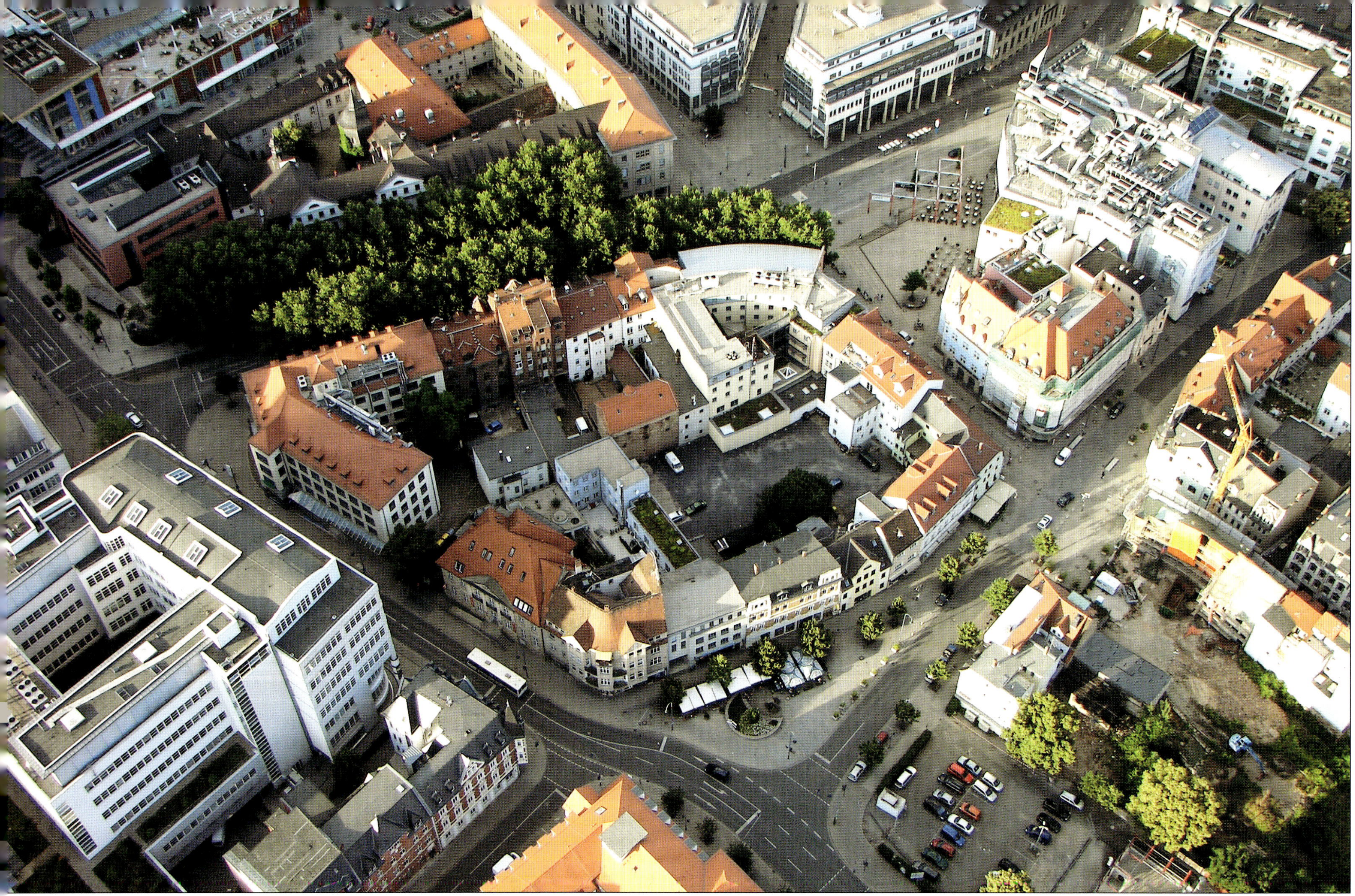

Ein interessanter Blick auf das Zentrum zwischen **Schillerstraße – Kollegiengasse – Nonnenplan – Löbderstraße – Holzmarkt, Griet- und Neugasse.** Eine schöne Sicht auf den **Engelplatz** und den **grünen Teichgraben** in der Bildmitte. Deutlich sind das **Pressehaus** und die gegenüberliegende historische Gaststätte **„Roter Hirsch“,** in diesem Jahr 499 Jahre alt, zu erkennen. (24.06.2007)

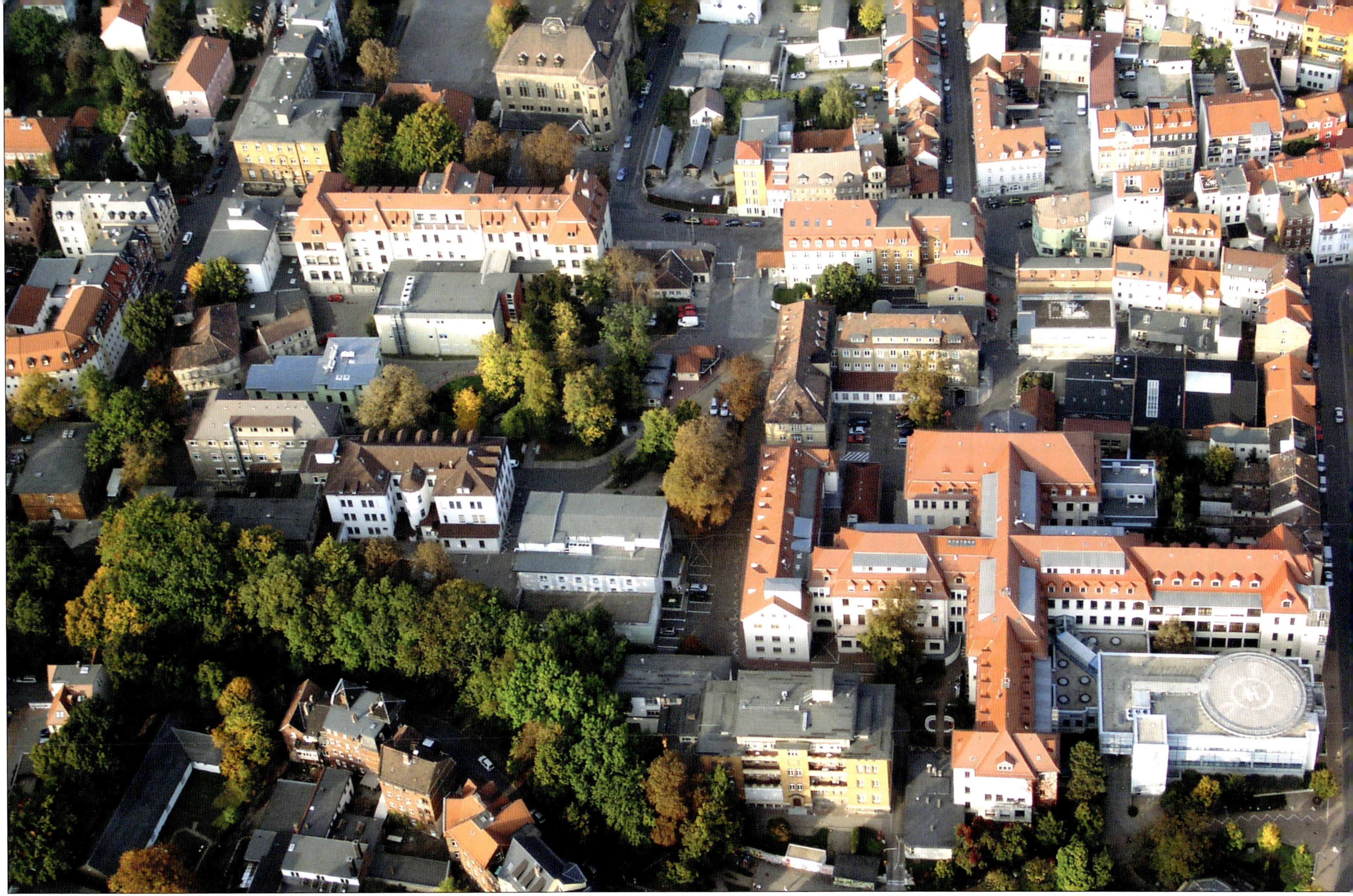

Unter uns die ehemaligen **Universitätskliniken in der Bachstraße.** Links unten die **Jahnstraße**. Unter der dichten Baumreihe fließt die **Leutra.** Rechts daneben ie **Augenklinik** und die **ehem. Chirurgie** mit dem Hubschrauber-Landeplatz. Das große Gebäude in der linken oberen Hälfte beherbergt die **Universitäts-Frauenklinik**. Rechts davon der Haupteingang in das innerstädtische **Klinikgelände**. (09.10.2005)

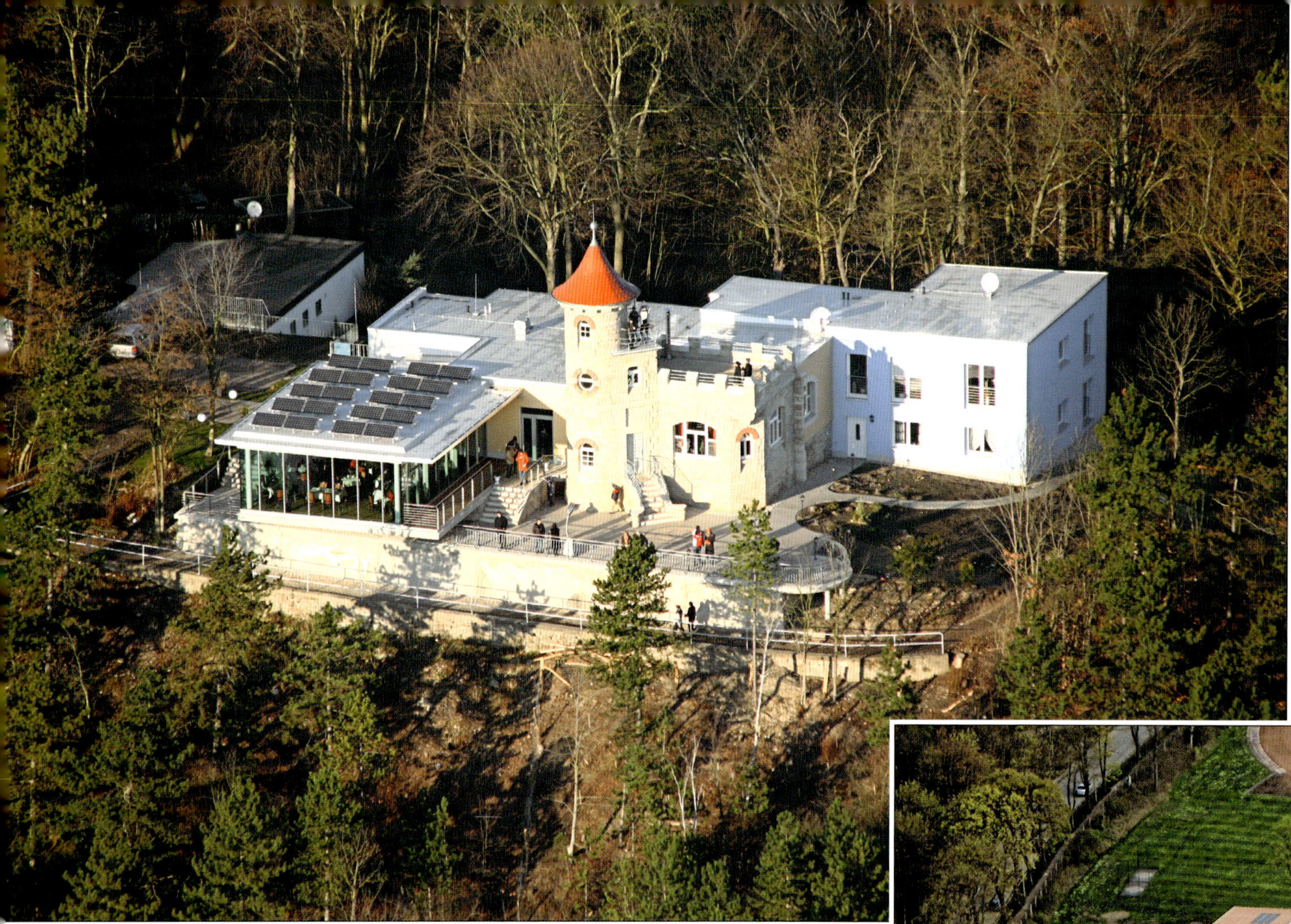

Das **Landgrafengebäude** liegt unter uns. Wegen der guten Aussicht auf die Stadt und Umgebung wird dieser Ort auch der „**Balkon Jenas**" genannt. (27.12.2006)

Institut für Körperkultur am Ende der **Seidelstraße**. Der ansprechende Bau erinnert an eine Kirche. Deshalb ist dieses Gebäude allgemein unter der Bezeichnung **„Muskelkirche"** bekannt. Im Hintergrund die neu errichtete **Dreifelderhalle des TUS Jena.** (24.04.2008)

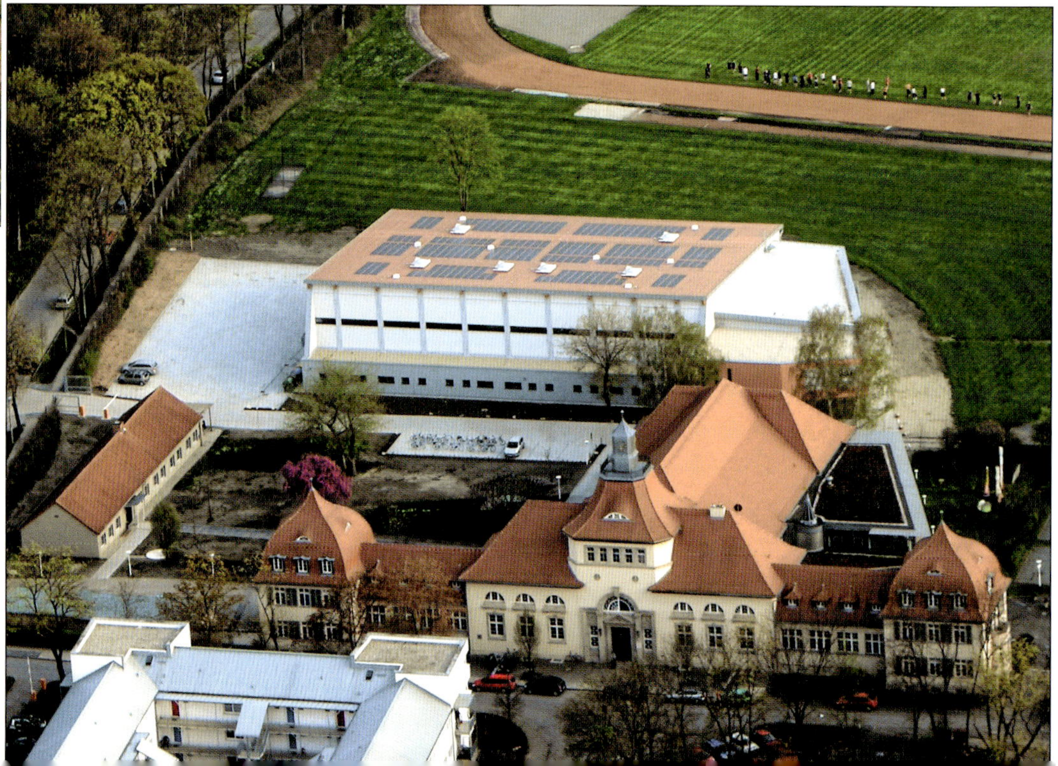

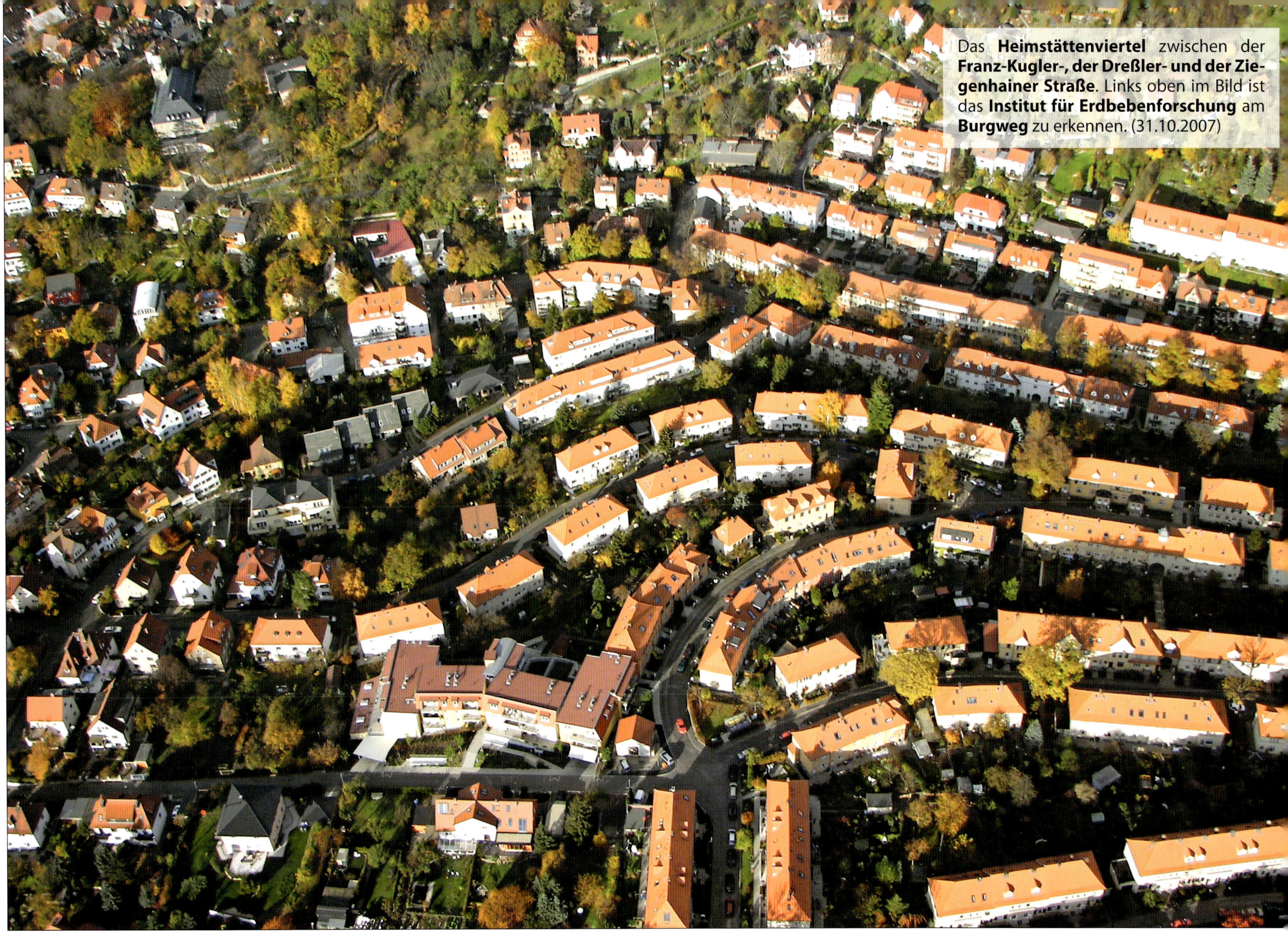

Das **Heimstättenviertel** zwischen der **Franz-Kugler-, der Dreßler- und der Ziegenhainer Straße**. Links oben im Bild ist das **Institut für Erdbebenforschung** am **Burgweg** zu erkennen. (31.10.2007)

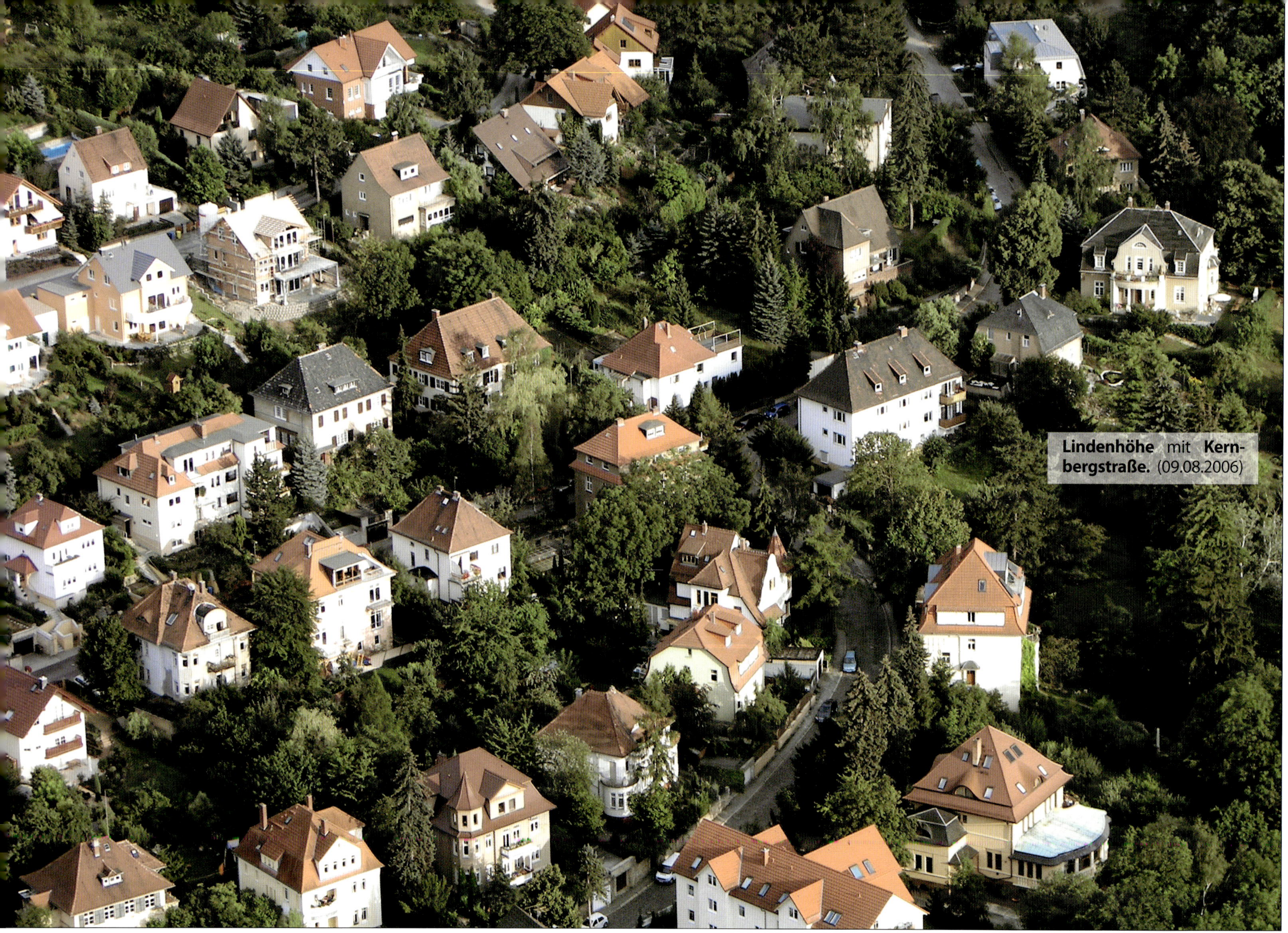

Lindenhöhe mit **Kernbergstraße.** (09.08.2006)

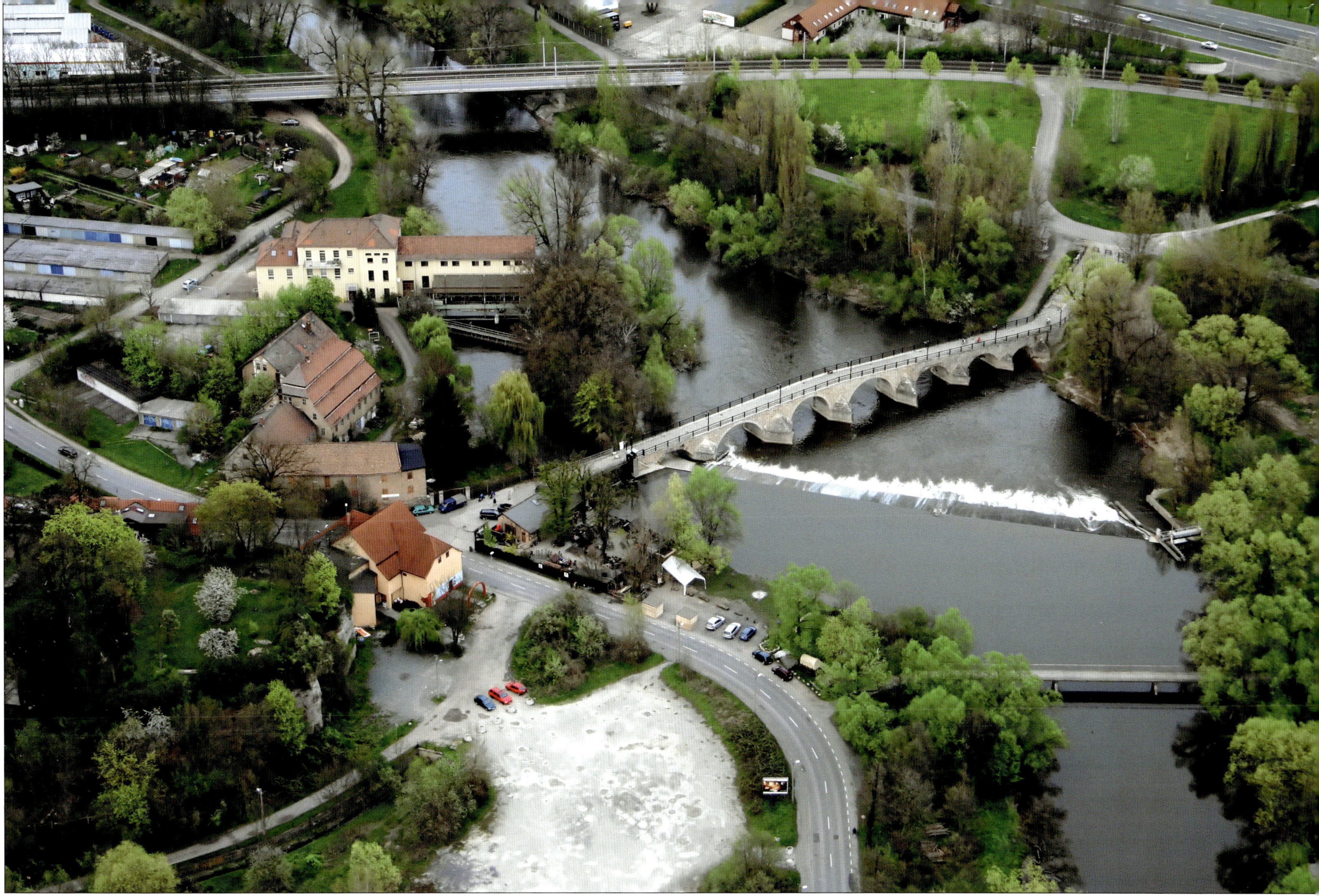

Im Vordergrund die inzwischen abgerissene traditionsreiche Gaststätte „**Wasserelse**“ mit der schönen alten **Burgauer Brücke**. Dahinter das **Wasserkraftwerk Burgau**. (01.05.2006)

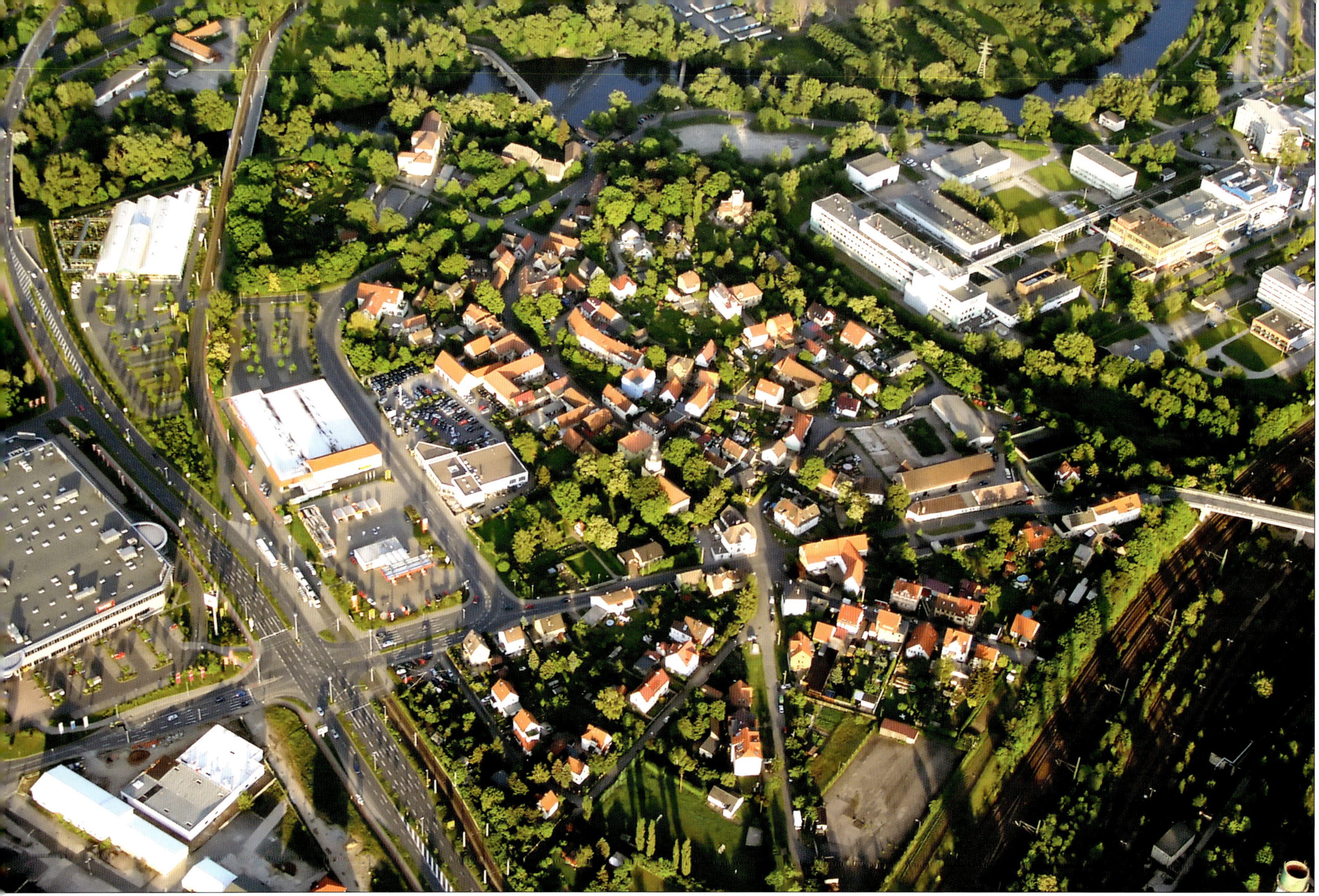

Vor uns sehen wir von links: Den **Burgaupark**, die **Tankstelle**, **Multipolster**, **BMW-Autohaus Fiebig, Gartencenter Klee** und den Ort **Burgau**. Rechts beginnt das **Gewerbegebiet Göschwitz**. (07.06.2006)

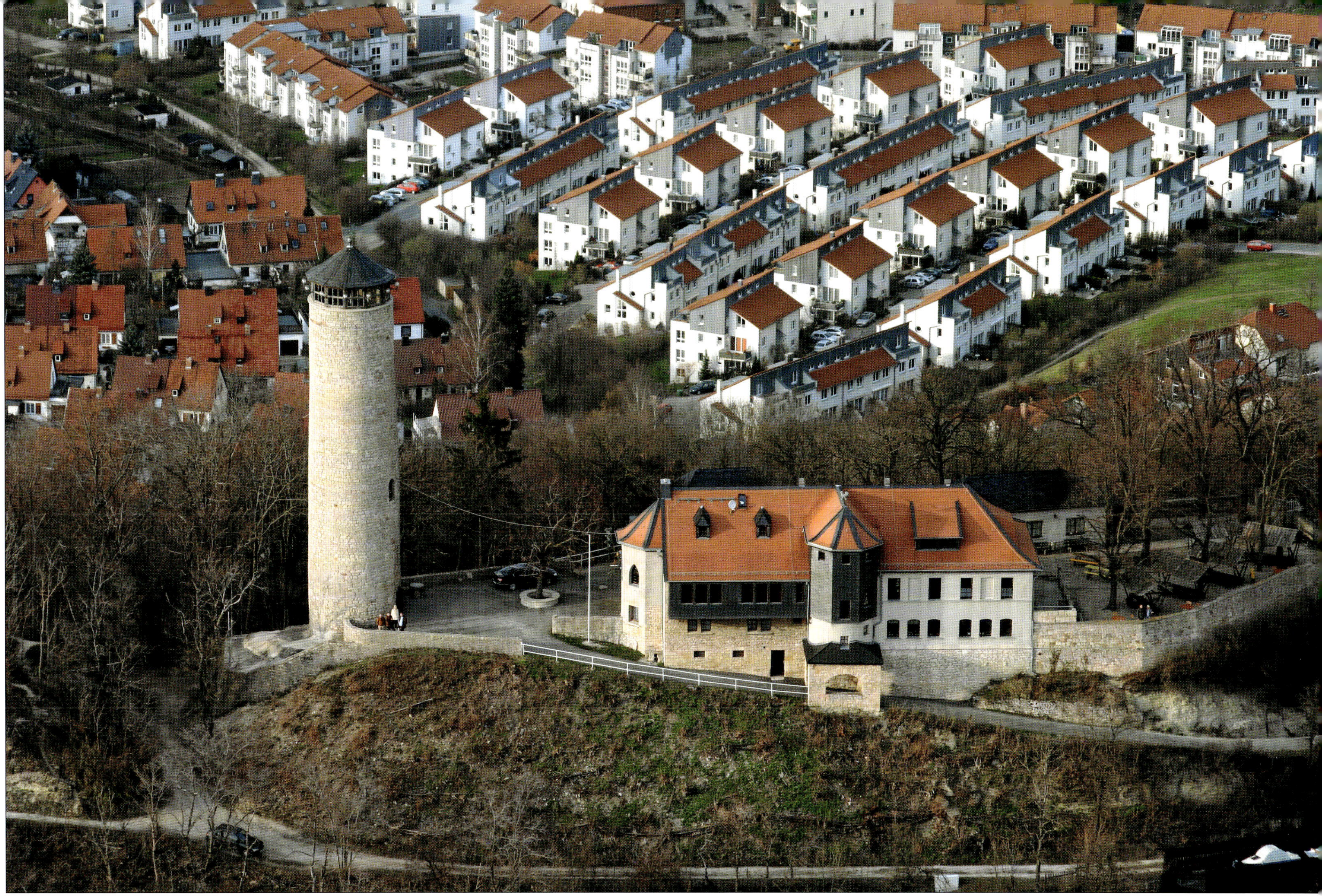

Der **Fuchsturm**, links dahinter die **Gagfah-Siedlung** und rechts die Siedlung „**Fuchslöcher**". Die Aufnahme täuscht: So nah am **Turm,** wie es auf dem Foto scheint, liegen die Häuser tatsächlich nicht. Außerdem liegt ein wesentlicher Höhenunterschied zwischen Turm und den beginnenden Siedlungen. (09.04.2006)

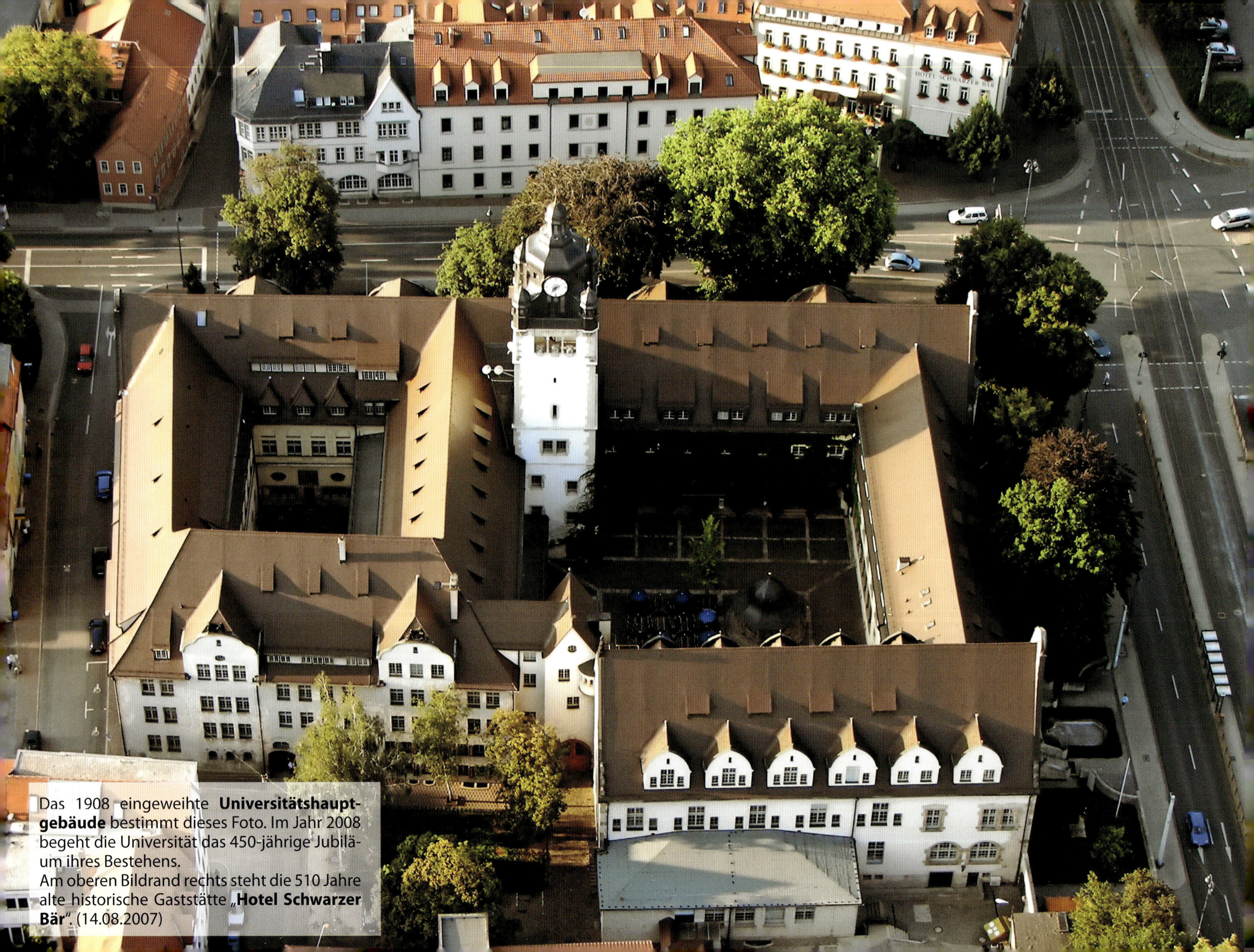

Das 1908 eingeweihte **Universitätshauptgebäude** bestimmt dieses Foto. Im Jahr 2008 begeht die Universität das 450-jährige Jubiläum ihres Bestehens.
Am oberen Bildrand rechts steht die 510 Jahre alte historische Gaststätte „**Hotel Schwarzer Bär**". (14.08.2007)

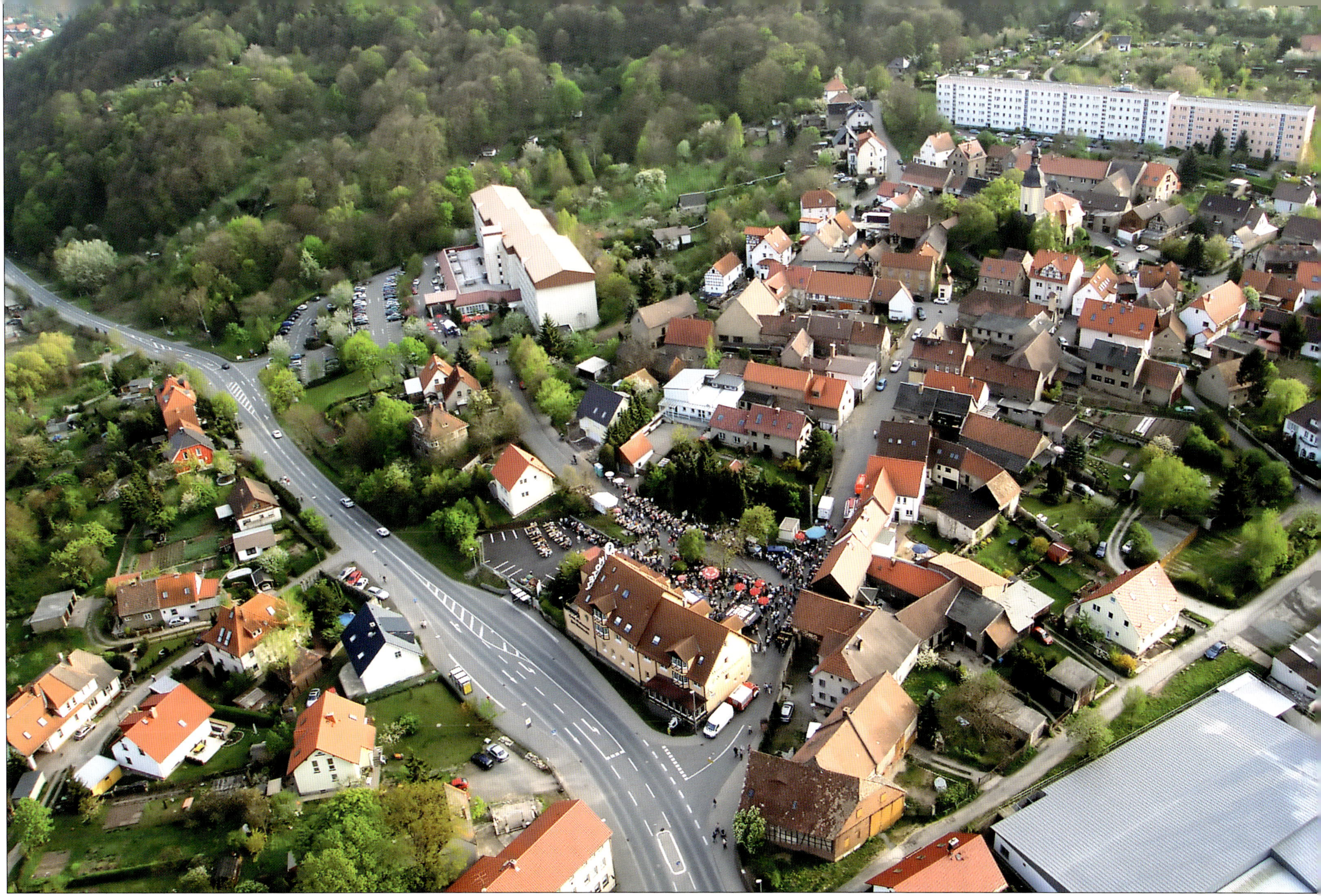

Alt-Winzerla: Hinter der Gaststätte „**Weintraube**" ist eine Menschenansammlung zu sehen: Der Maibaum wird dort aufgerichtet. (30.04.2005)

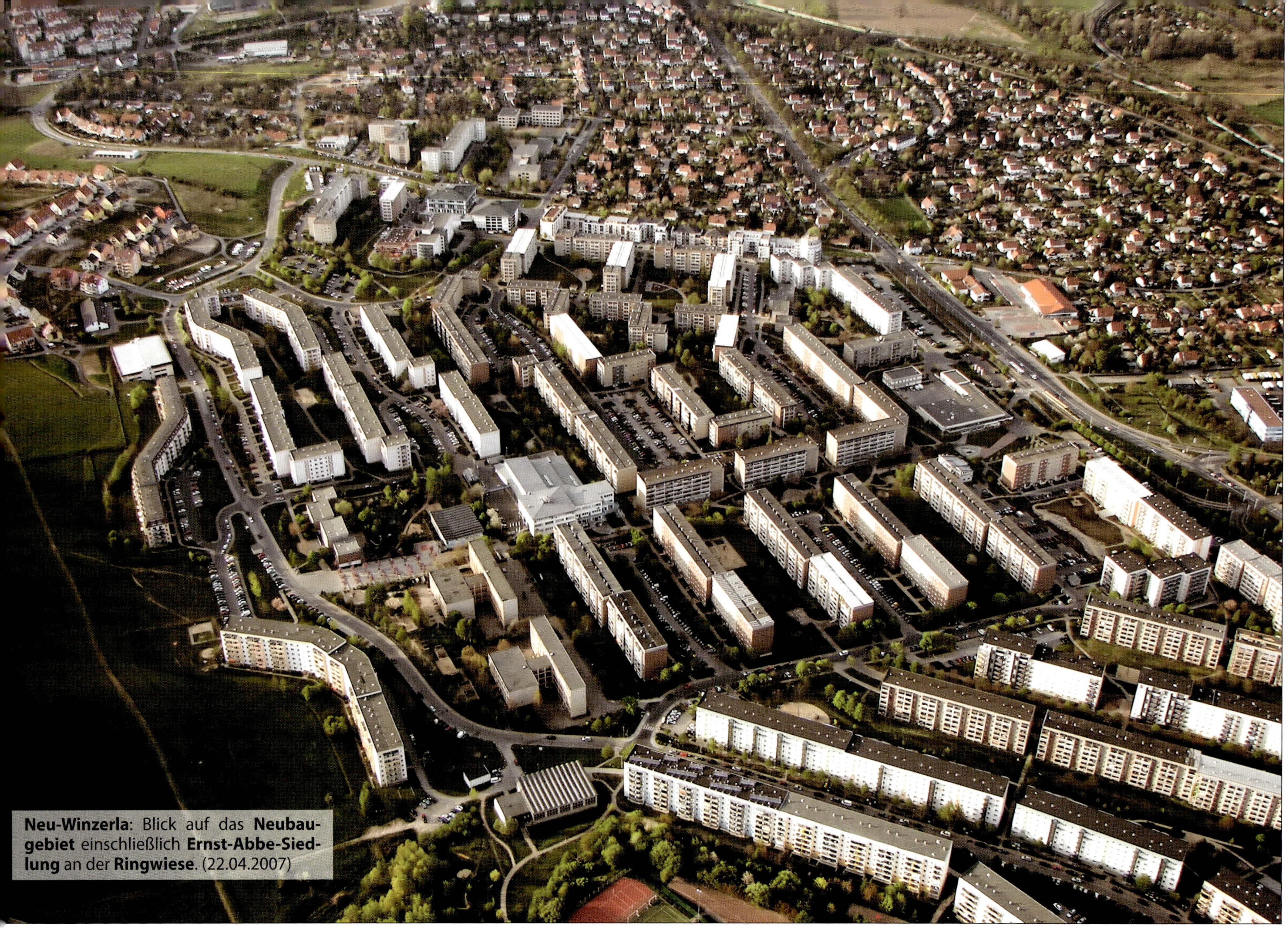

Neu-Winzerla: Blick auf das **Neubaugebiet** einschließlich **Ernst-Abbe-Siedlung** an der **Ringwiese**. (22.04.2007)

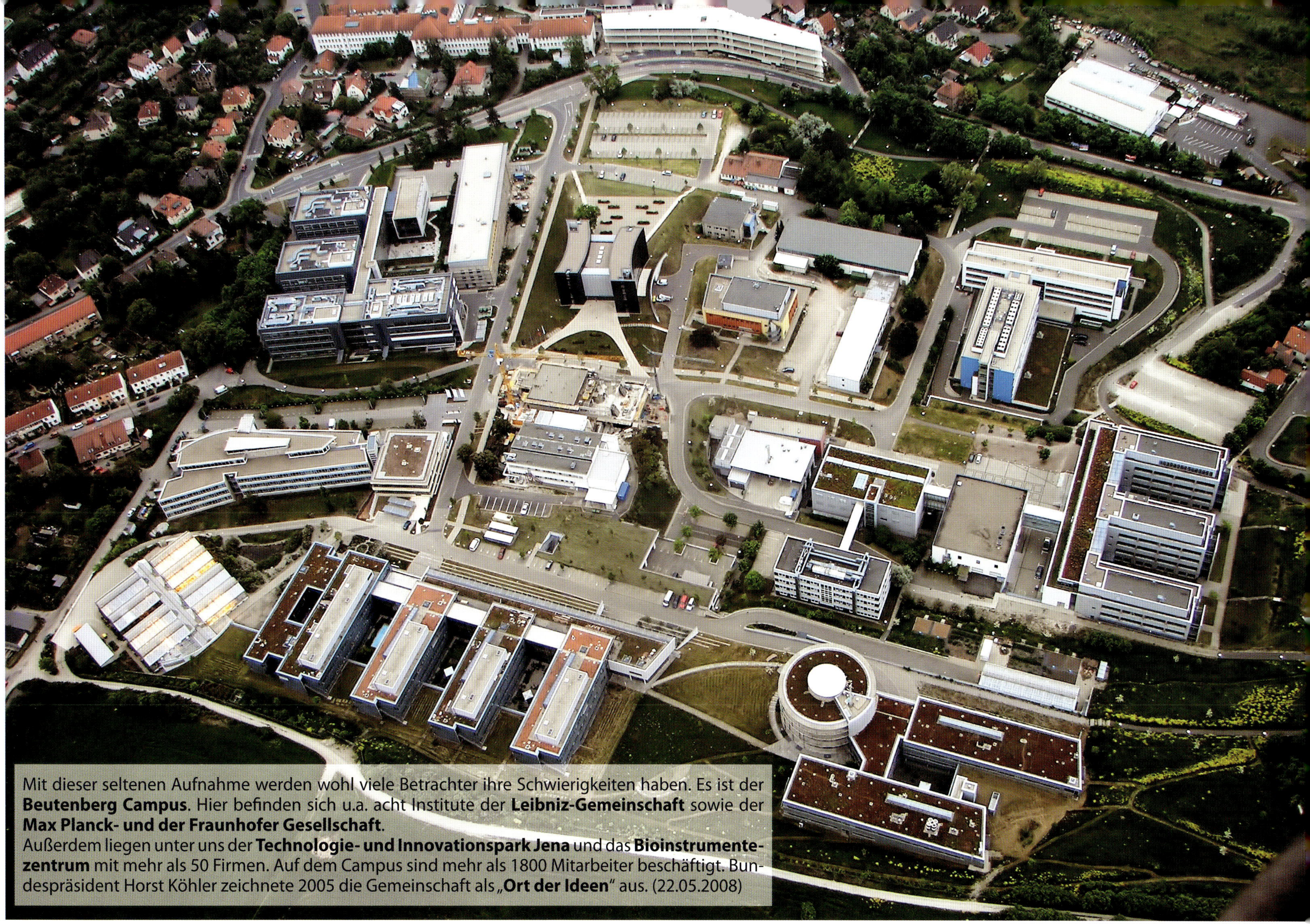

Mit dieser seltenen Aufnahme werden wohl viele Betrachter ihre Schwierigkeiten haben. Es ist der **Beutenberg Campus**. Hier befinden sich u.a. acht Institute der **Leibniz-Gemeinschaft** sowie der **Max Planck- und der Fraunhofer Gesellschaft**.
Außerdem liegen unter uns der **Technologie- und Innovationspark Jena** und das **Bioinstrumentezentrum** mit mehr als 50 Firmen. Auf dem Campus sind mehr als 1800 Mitarbeiter beschäftigt. Bundespräsident Horst Köhler zeichnete 2005 die Gemeinschaft als „**Ort der Ideen**" aus. (22.05.2008)

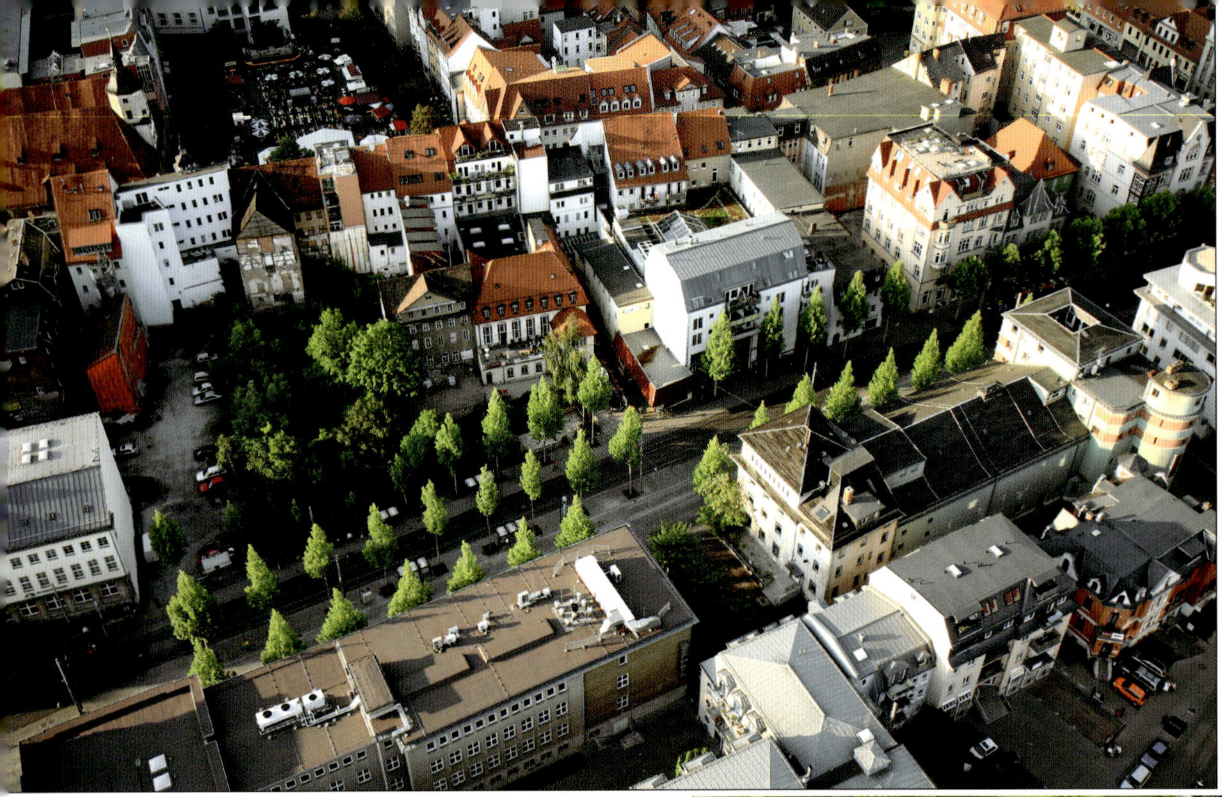

Der **Löbdergraben** von der **ehemaligen Ingenieur-Schule,** dem **Teutonenhaus,** daran anschließend das Kino **Capitol**. Auf der anderen Straßenseite schweift der Blick von der **AOK** aus, vorbei am **Haus der Volkssolidarität** und dem ehemaligen **Weimarischen Hof**, bis zum **Romantikerhaus**.
Darüber die Rückansichten der Häuser von der **Marktsüdseite** bis zum **Stadthaus**. Am oberen Bildrand links das **Rathaus**. Gerade findet das Frühlingsfest auf dem Marktplatz statt. (18.05.2007)

Leutra liegt idyllisch im **Naturschutzgebiet Leutratal** an der Autobahn A4 Erfurt–Dresden. (31.05.2007)

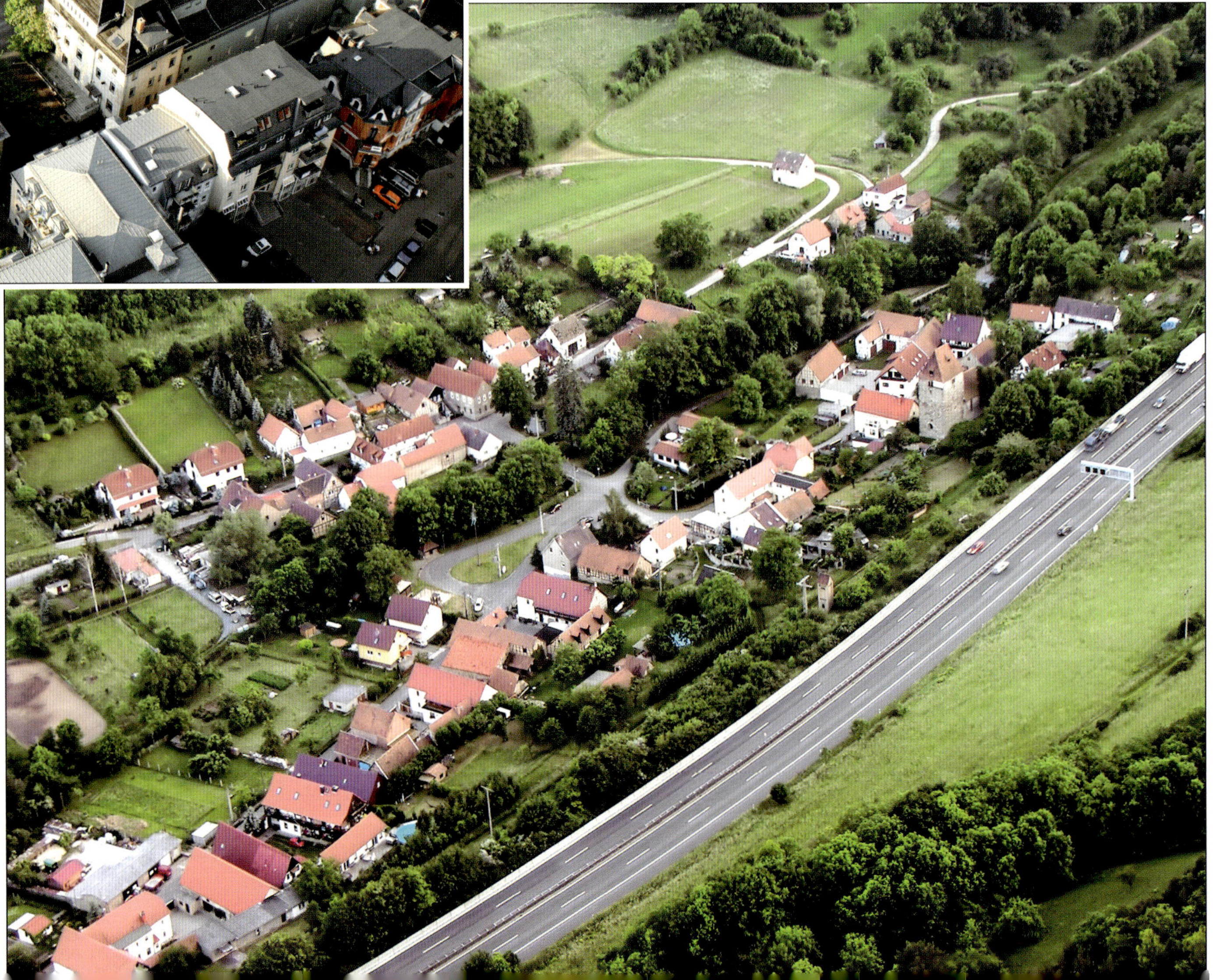

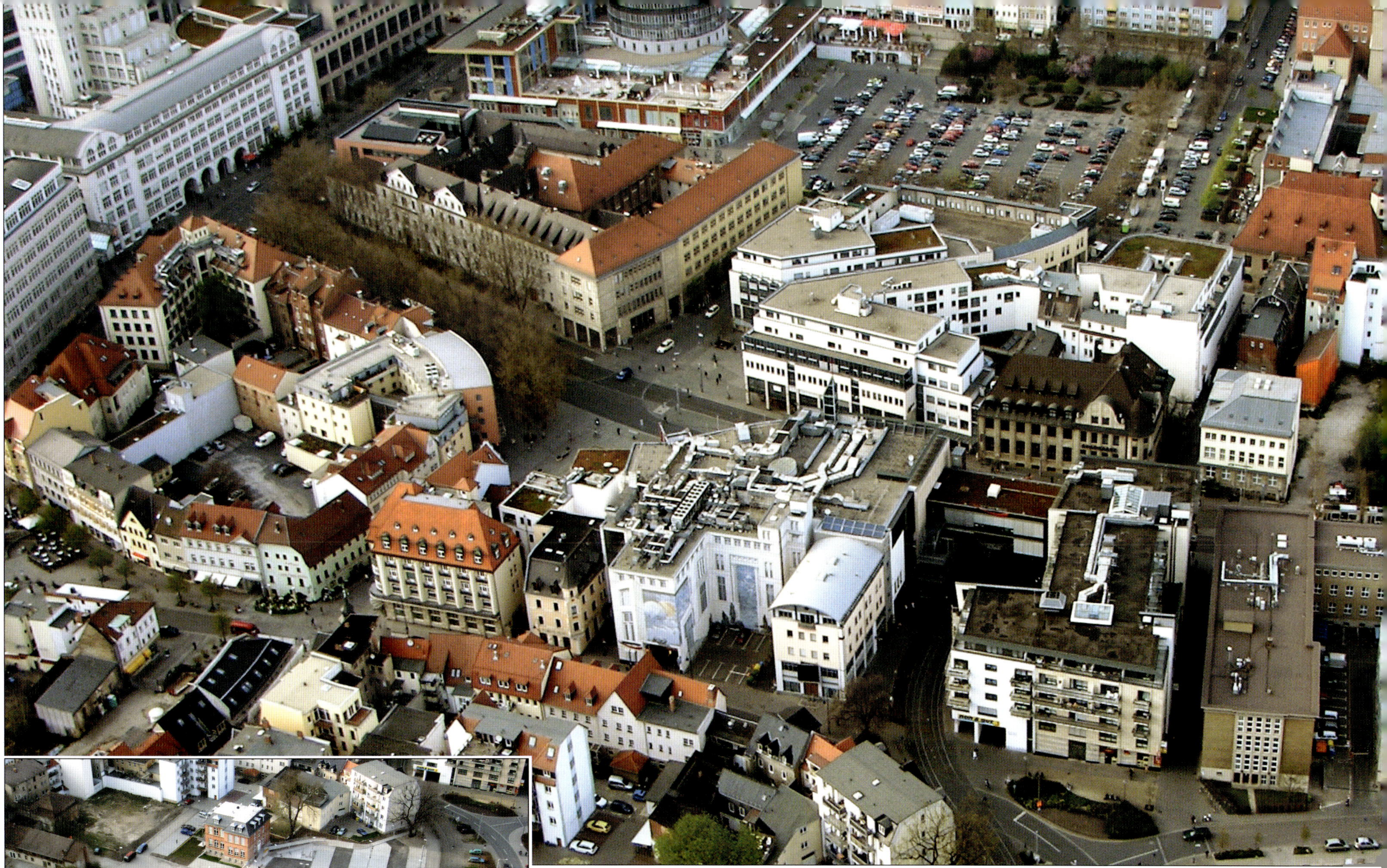

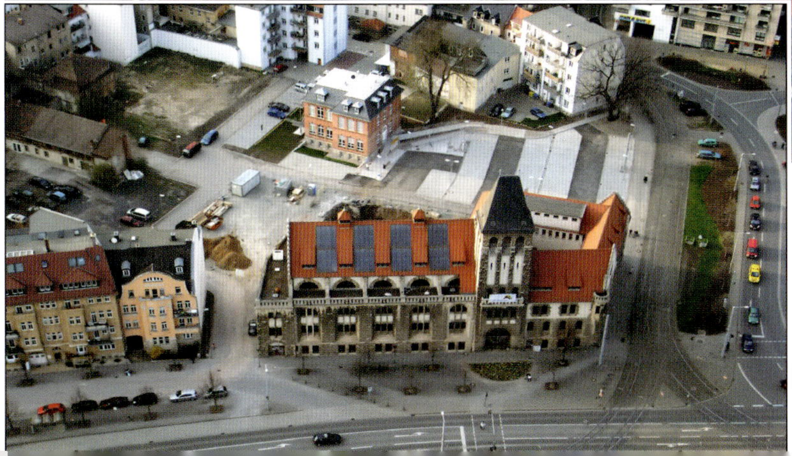

Holzmarkt mit **Löbderstraße** und **Löbdergraben**. Im Vordergrund die neu erbaute **Holzmarkt-Passage** mit **Kino** und **Service-Gebäude** der **Stadtwerke**. Rechts daneben **„An der alten Post"**, die Senioren-Wohnanlage **Artis** und das **Küchenstudio Bergner**. (24.04.2008)

Ausschnitt: Das **historische Volksbad**. Heute beherbergt es **JenaKultur**. (18.04.2006)

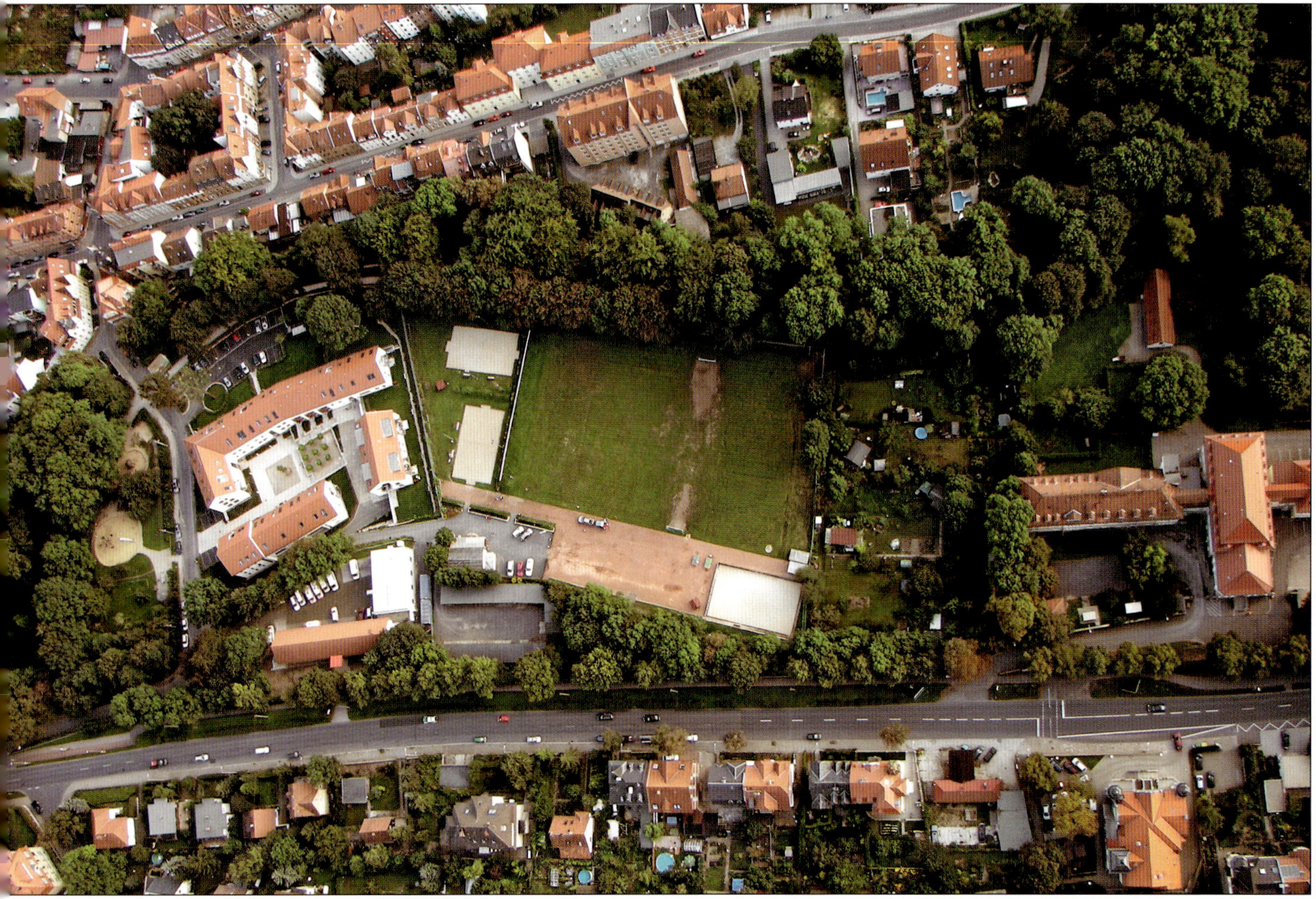

Im Vordergrund **die Erfurter Straße**. In der Bildmitte die **ASB-Rettungswache**, die **Weidigsmühle**, der **Westsportplatz**. Daran anschließend ist ein kleiner Teil der **Hautklinik** zu sehen (von links nach rechts). Im oberen Bildteil die **Talstraße**. (18.08.2007)

Der **Tierbrunnen** in der **Oberaue**. (14.08.2007)

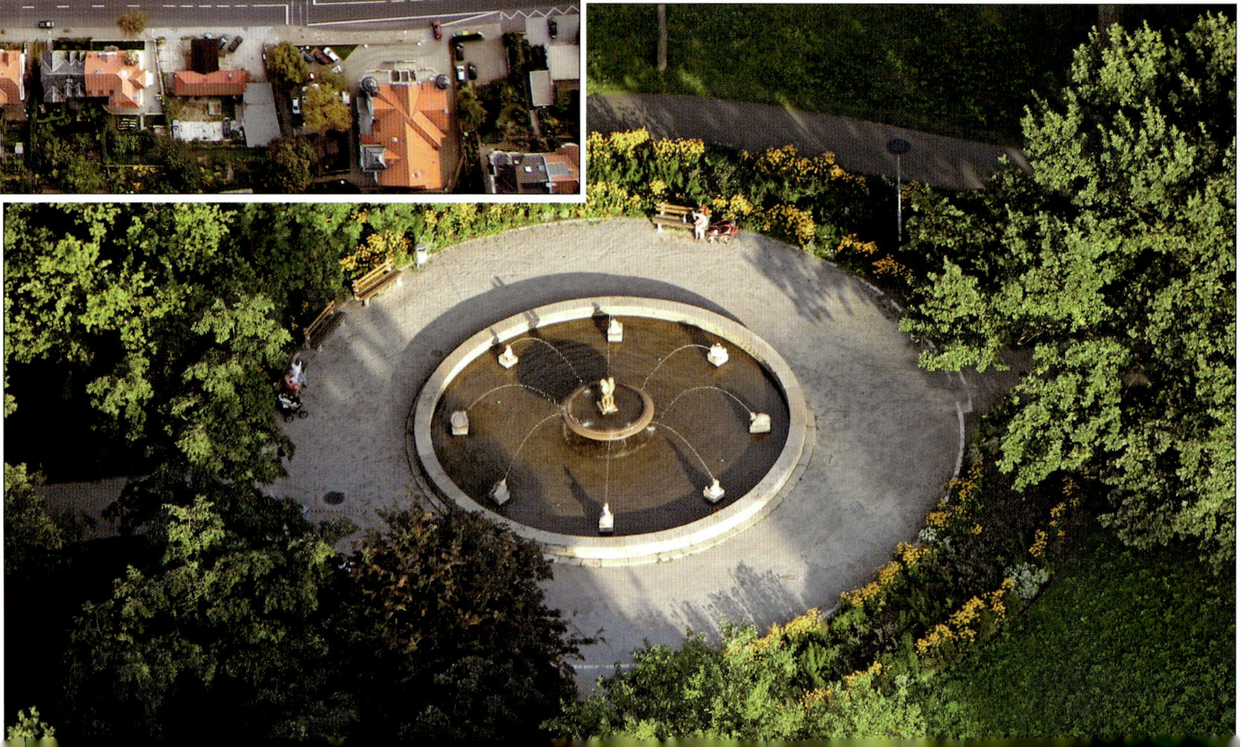

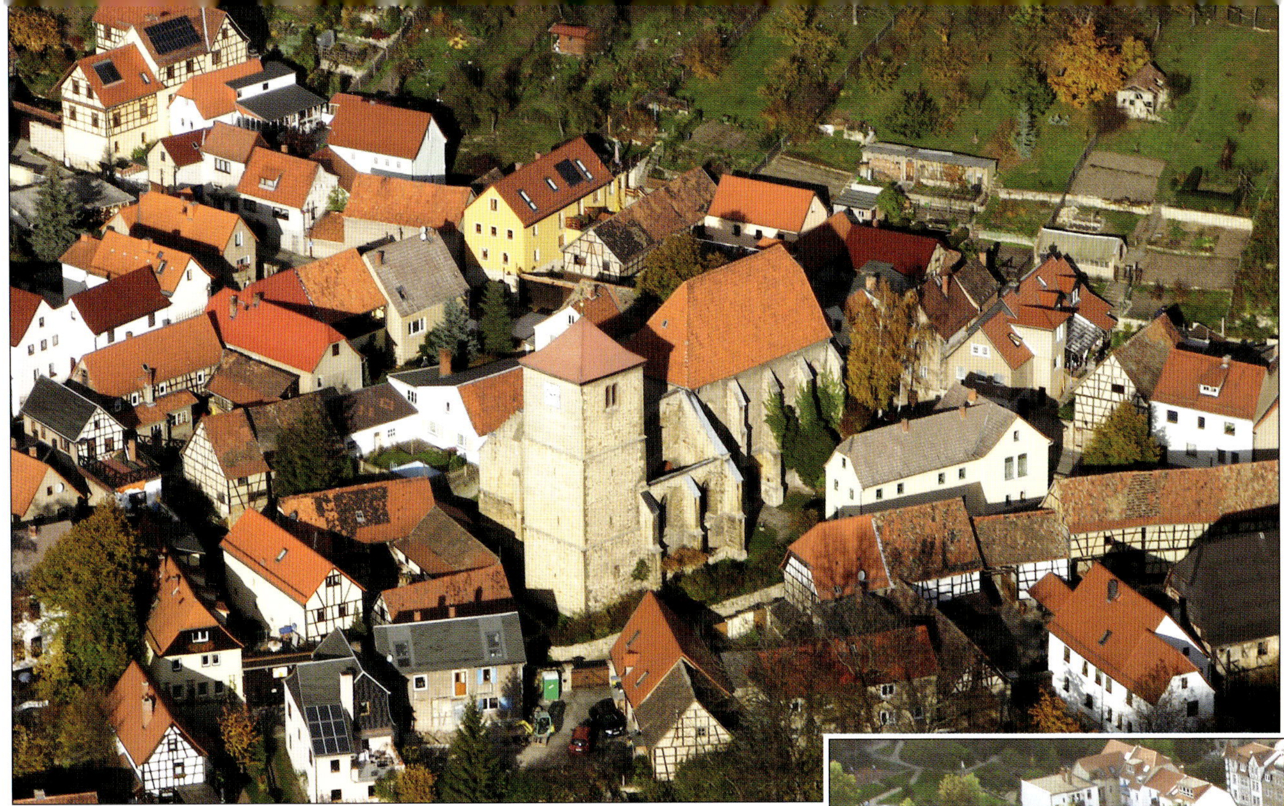

Ziegenhain im schönen **Ziegenhainer Tal**. (31.10.2007)

Unten links die **Käthe-Kollwitz-Straße**, unten rechts das **Rhenanenhaus** in der **Saalbahnhofstraße**. Der Blick schweift fast über das gesamte **Damenviertel**. (14.08.2007)

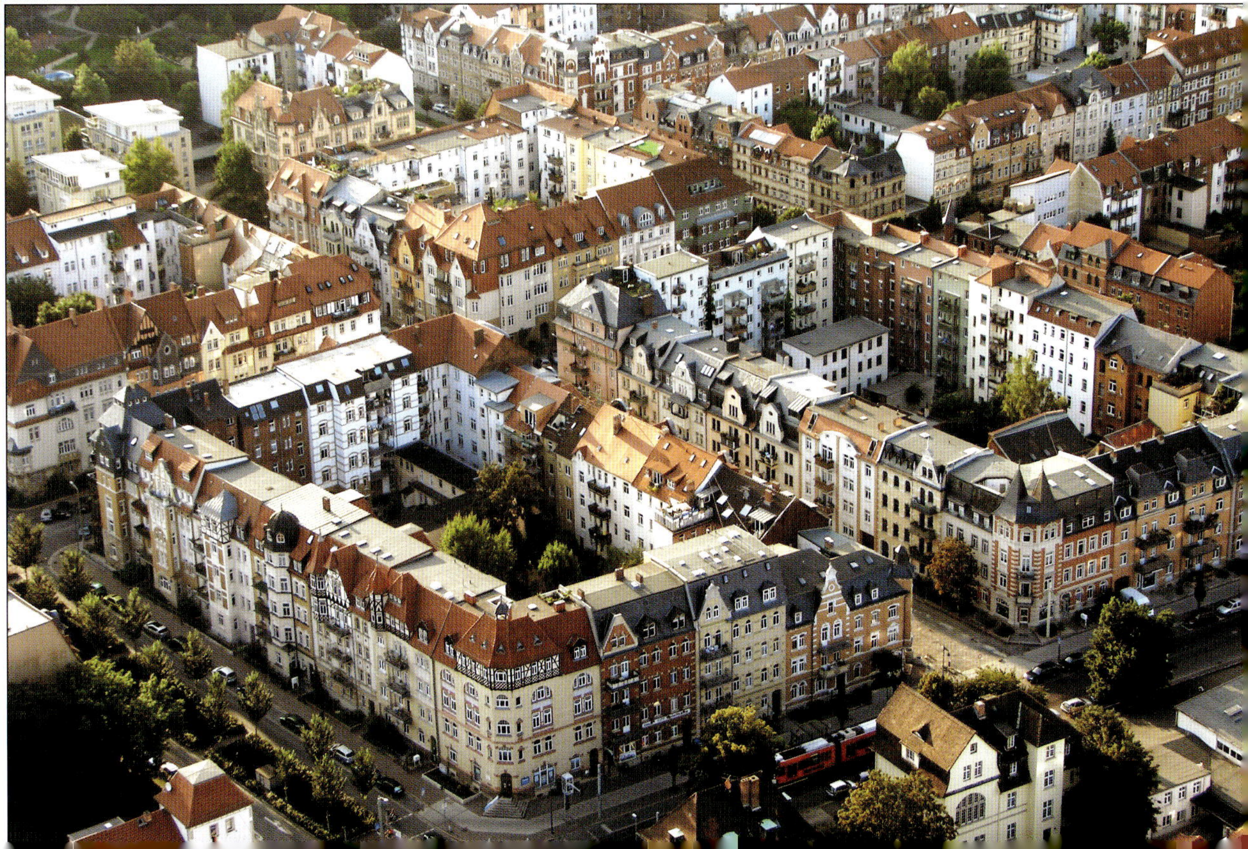

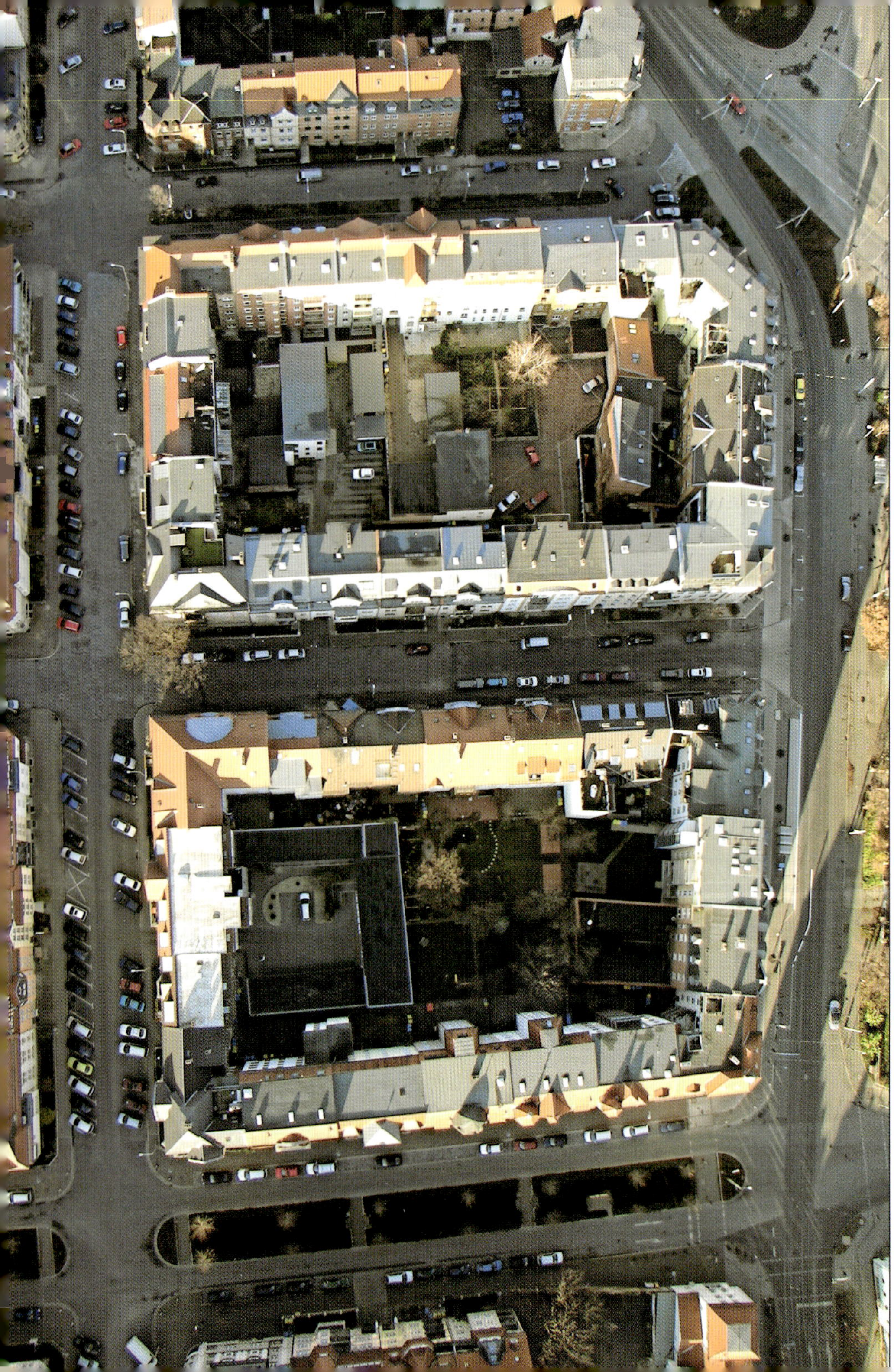

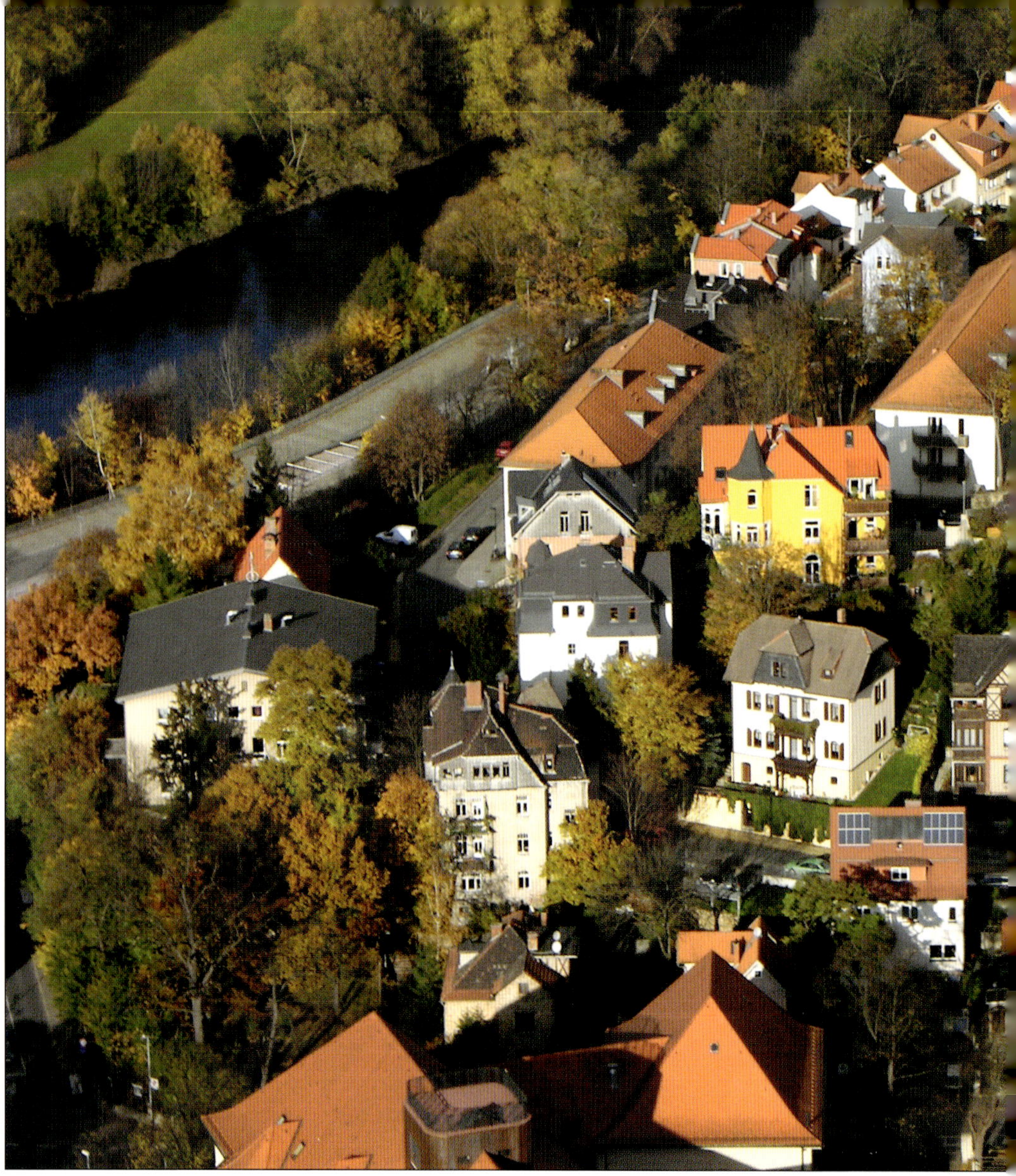

Links von unten nach oben: Die **Sophienstraße** und rechts die **Saalbahnhofstraße.** Dazwischen von unten nach oben: **Käthe-Kollwitz-Straße, A.-Harnack-Straße, St.-Jakob-Straße** mit Blick in die Innenhöfe.
Das Damenviertel einmal ganz anders gesehen. (26.12.2006)

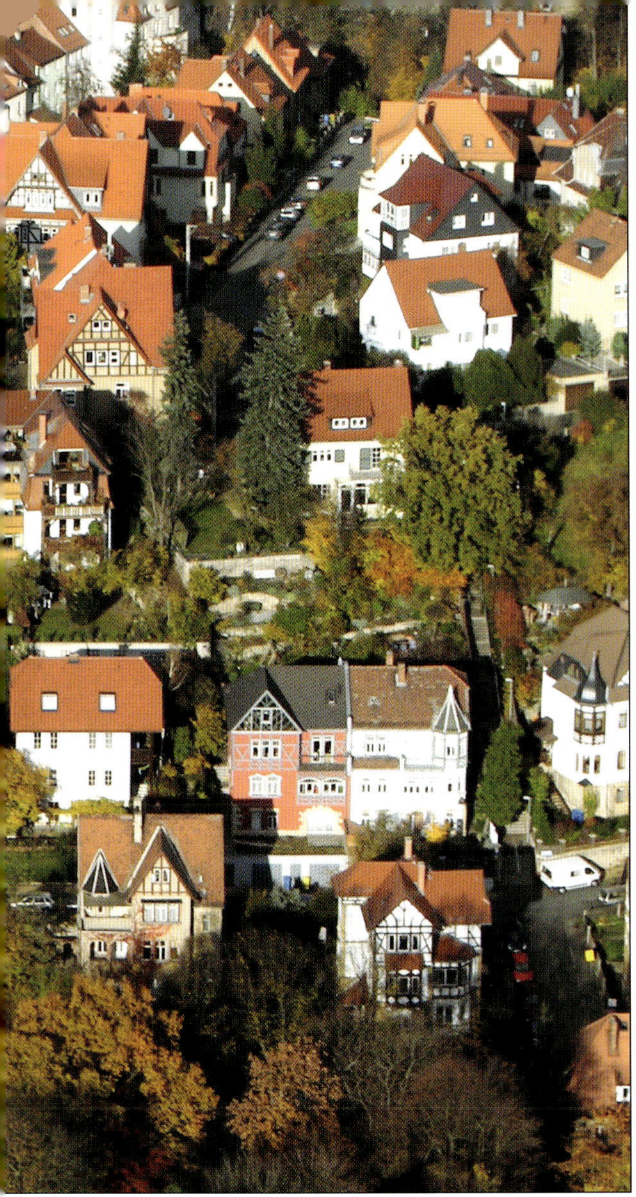

Am **Camsdorfer Ufer**, **Fr.-Engels-** und **Hügelstraße**, **Dietrichweg** und **Am Burggarten**. (31.10.2007)

Ammerbach und die **Landschaft drumherum** sind immer einen Besuch wert. (22.04.2007)

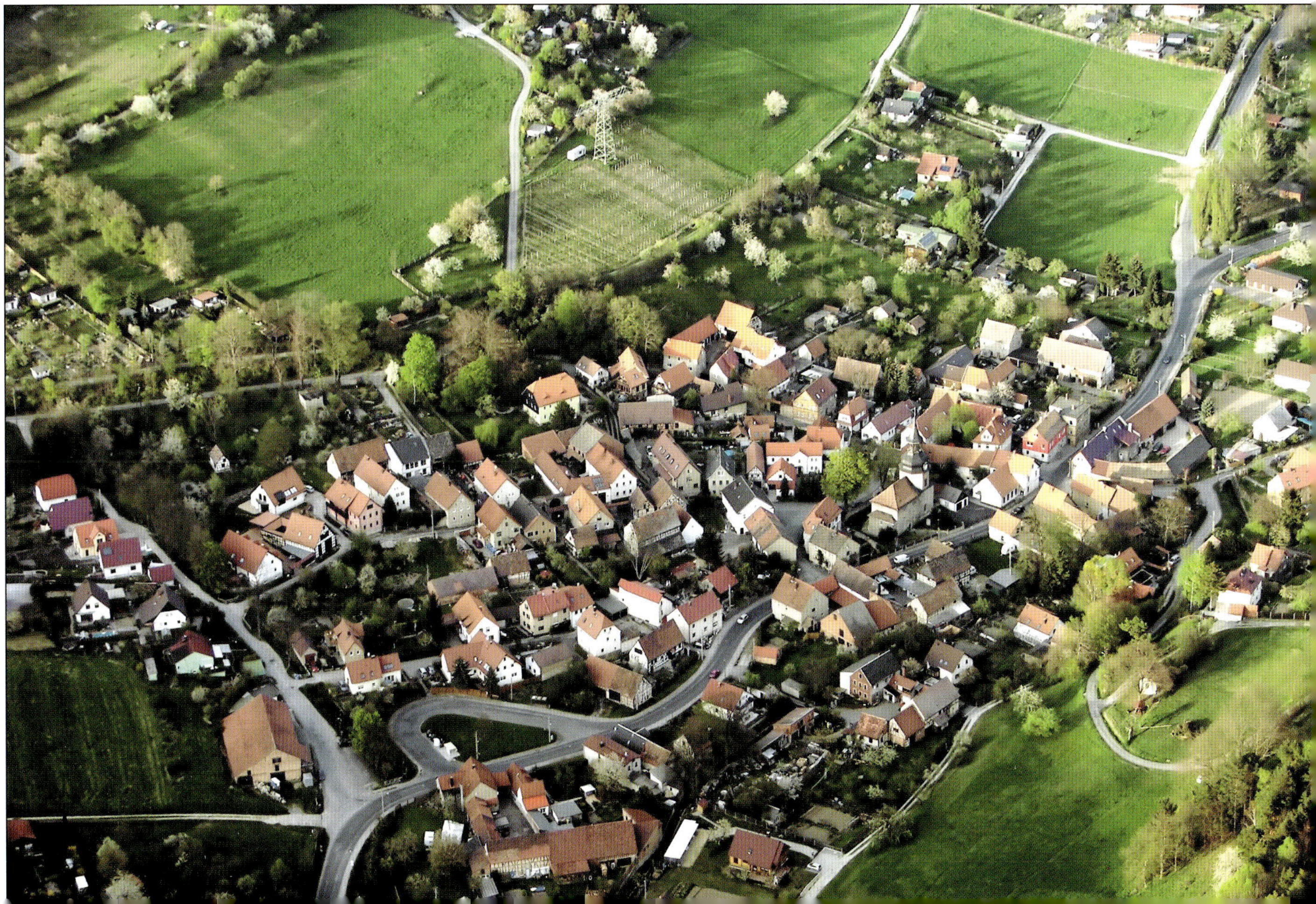

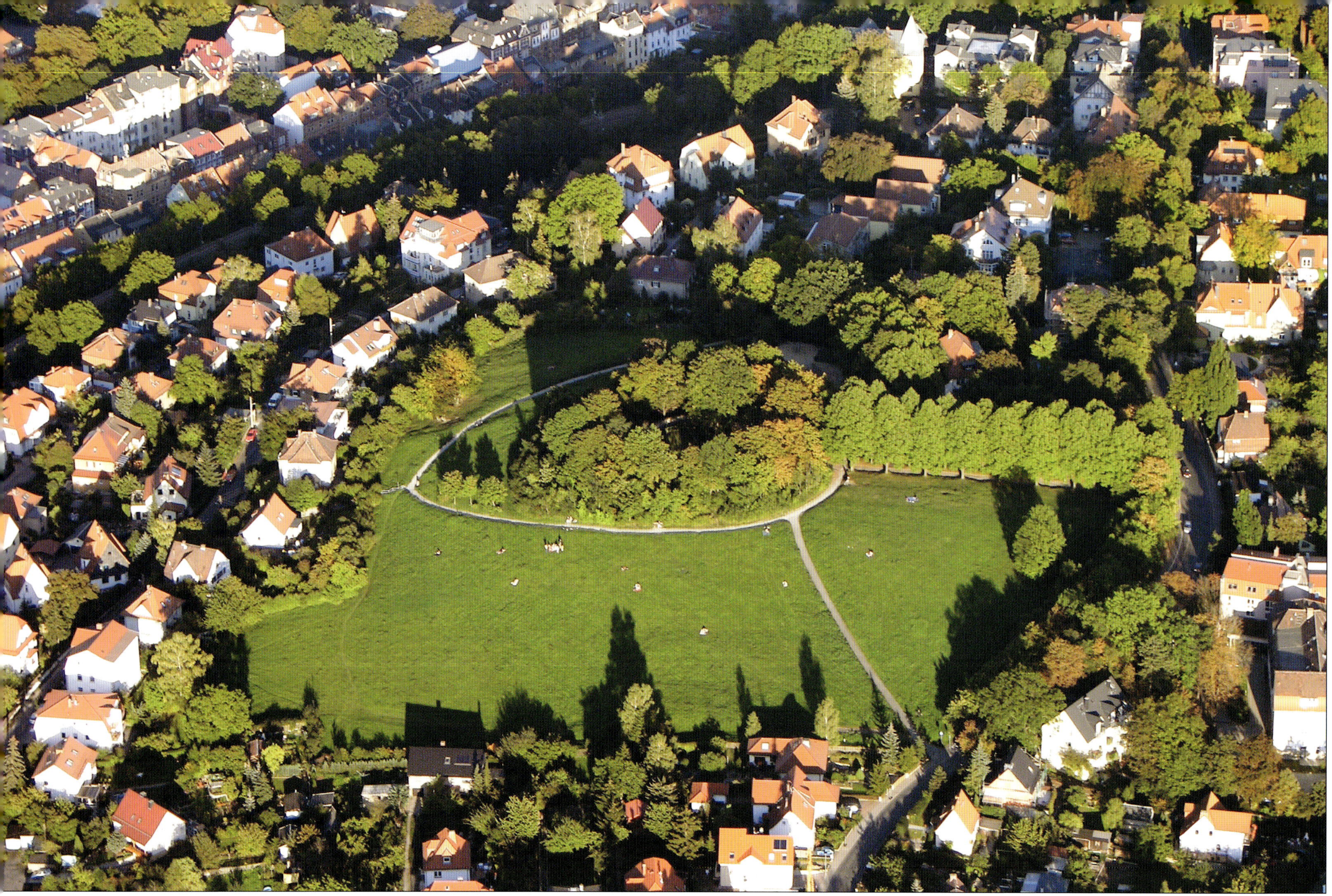

Im Laufe der Zeit änderte sich der Name für diese Erhebung von Galgenberg über Hainberg zum heutigen **Friedensberg**. (22.09.2006)

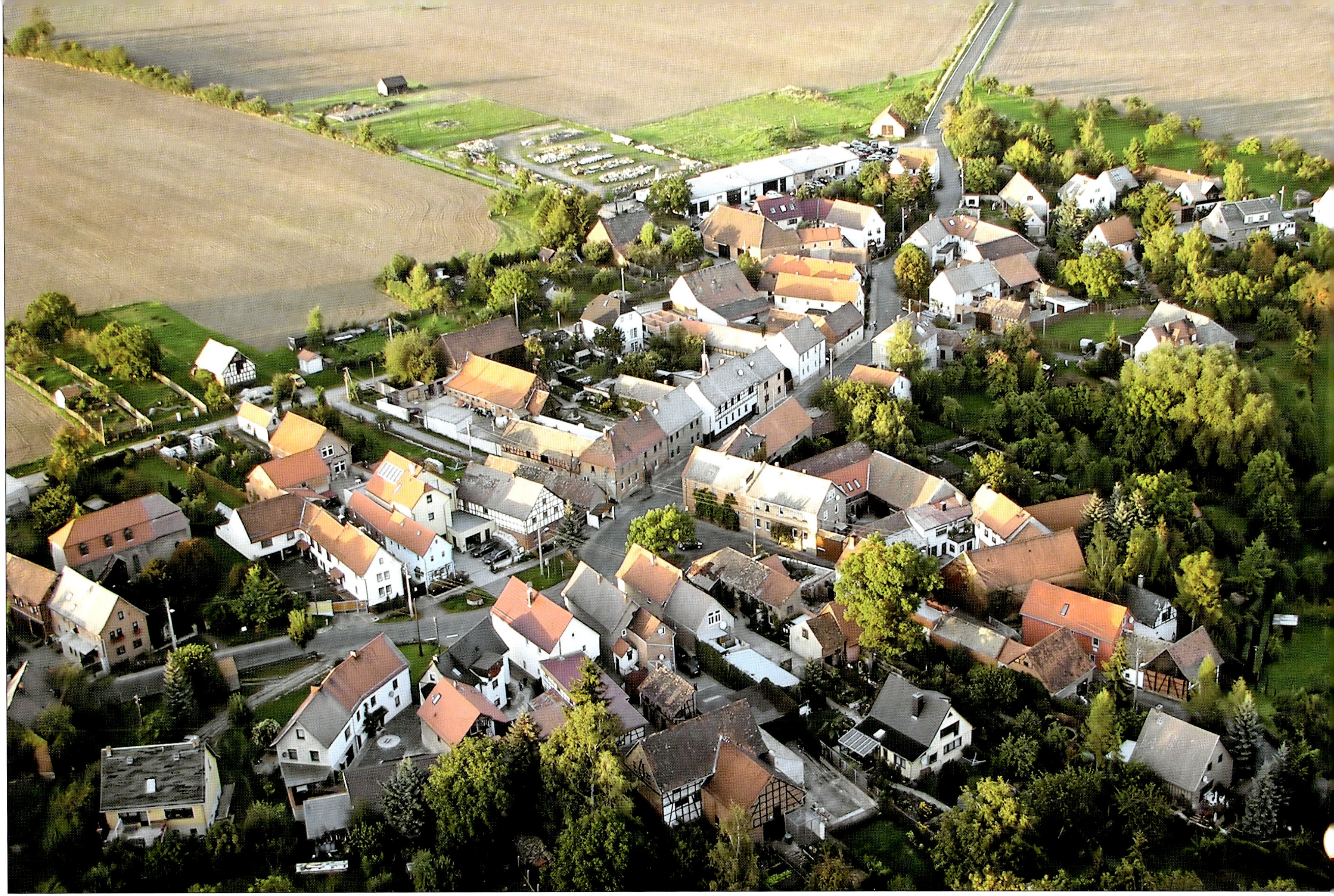

Closewitz, ein kleines Dorf auf dem ehemaligen Schlachtfeld von 1806 bei Jena-Auerstedt. (20.09.2006)

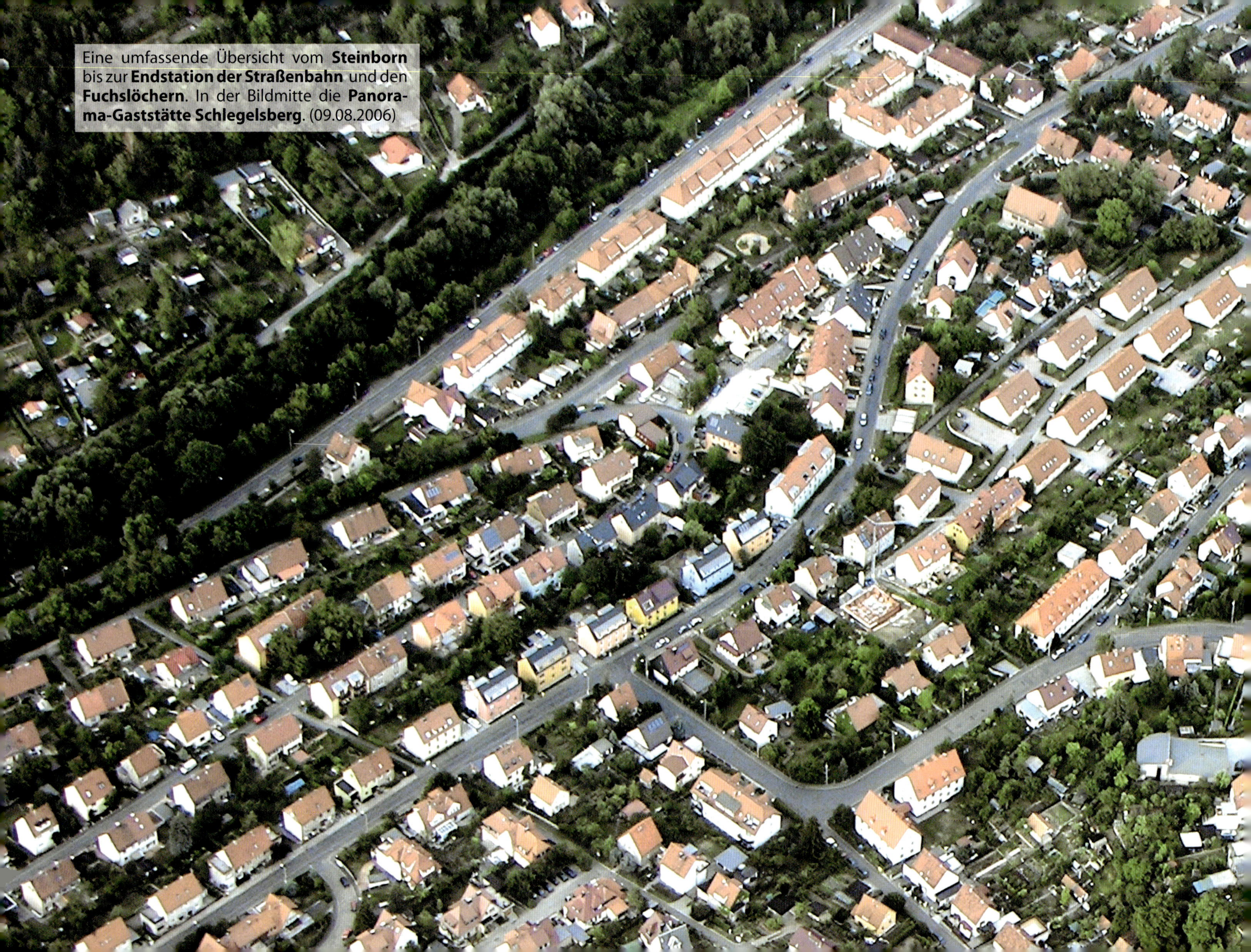

Eine umfassende Übersicht vom **Steinborn** bis zur **Endstation der Straßenbahn** und den **Fuchslöchern**. In der Bildmitte die **Panorama-Gaststätte Schlegelsberg**. (09.08.2006)

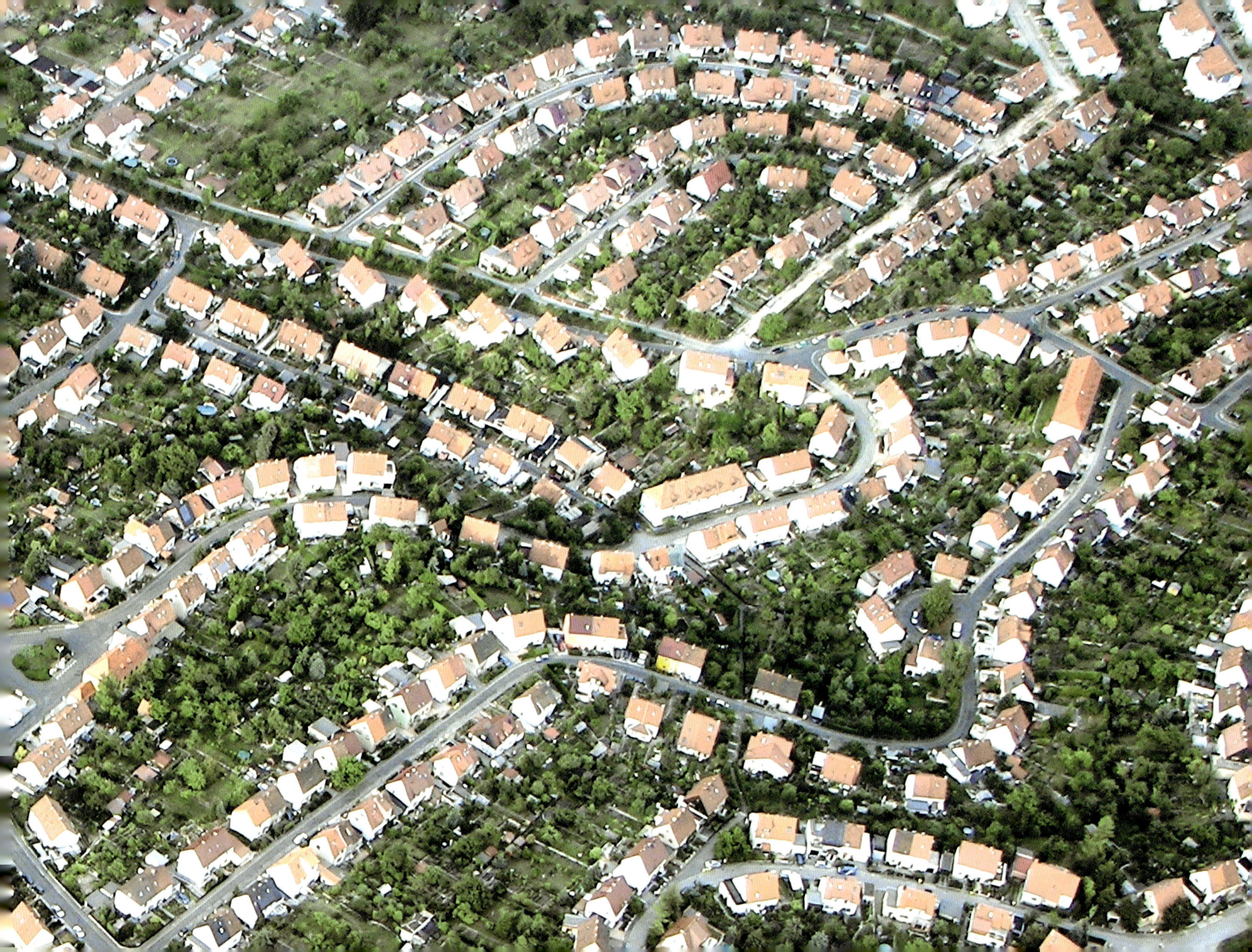

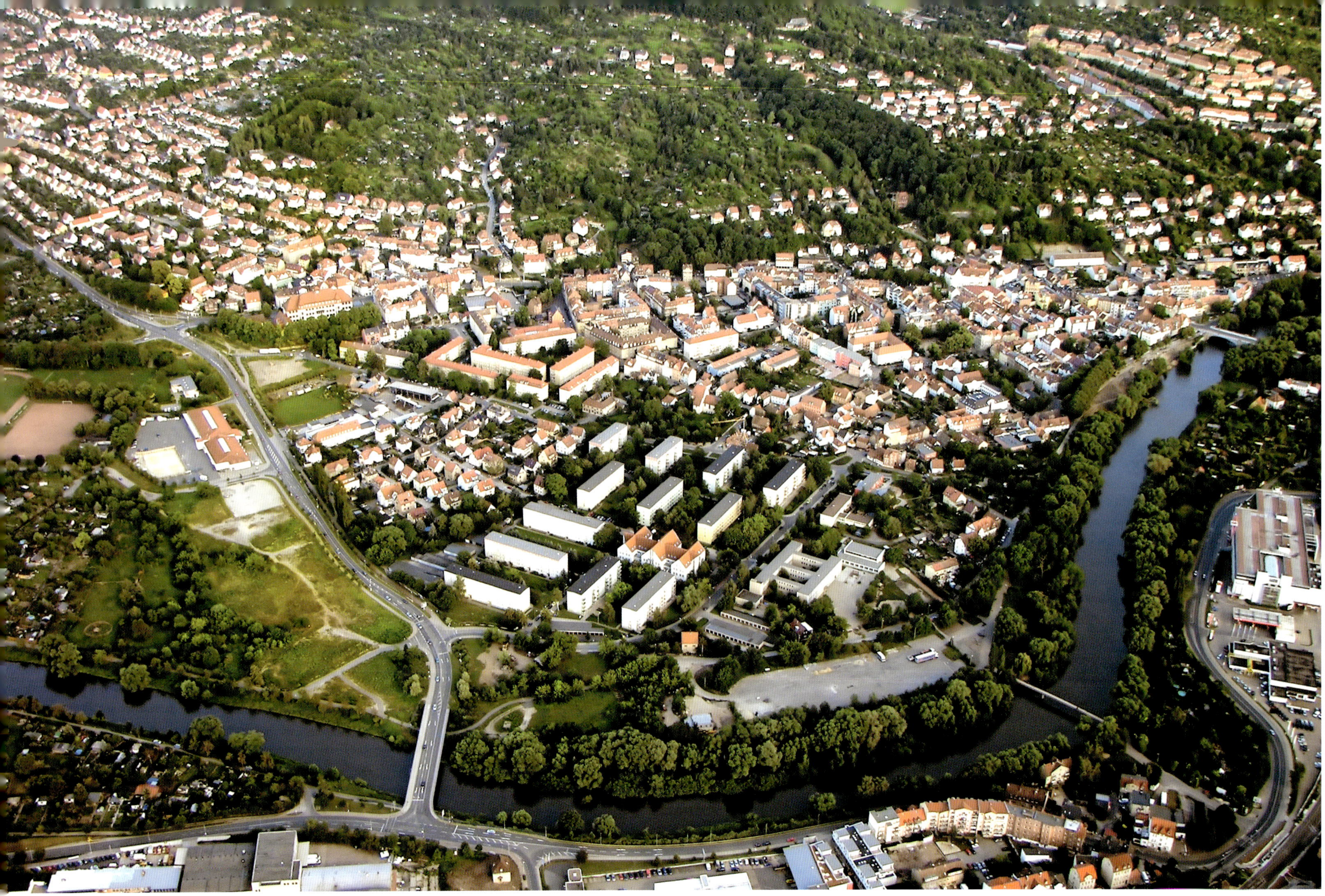

Eine Gesamtansicht über **Jena-Ost**: von der **Saale** über das **Tümplingviertel**, die **Vogelkolonie am Steinborn** bis **zur Zeiss-Siedlung am Schlegelsberg**. Gut zu erkennen ist die **Ostschule**. (24.06.2007)

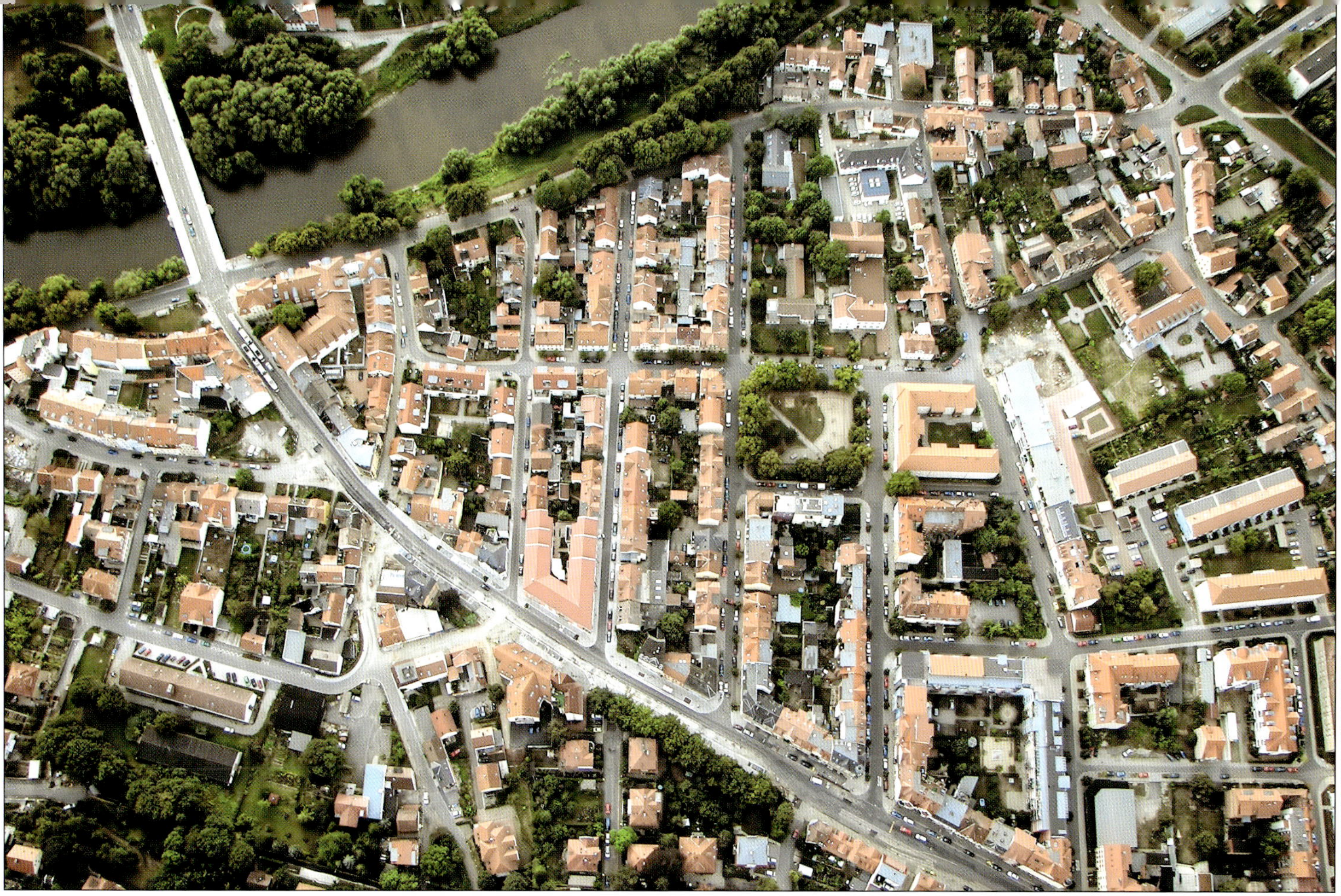

Blick auf einen Teil von **Jena-Ost**. In der Bildmitte der **Wenigenjenaer Platz**. (09.08.2006)

Brückenfest anlässlich der Wiedereröffnung der **Camsdorfer Brücke**. Ein Volksfest. (29.04.2005)

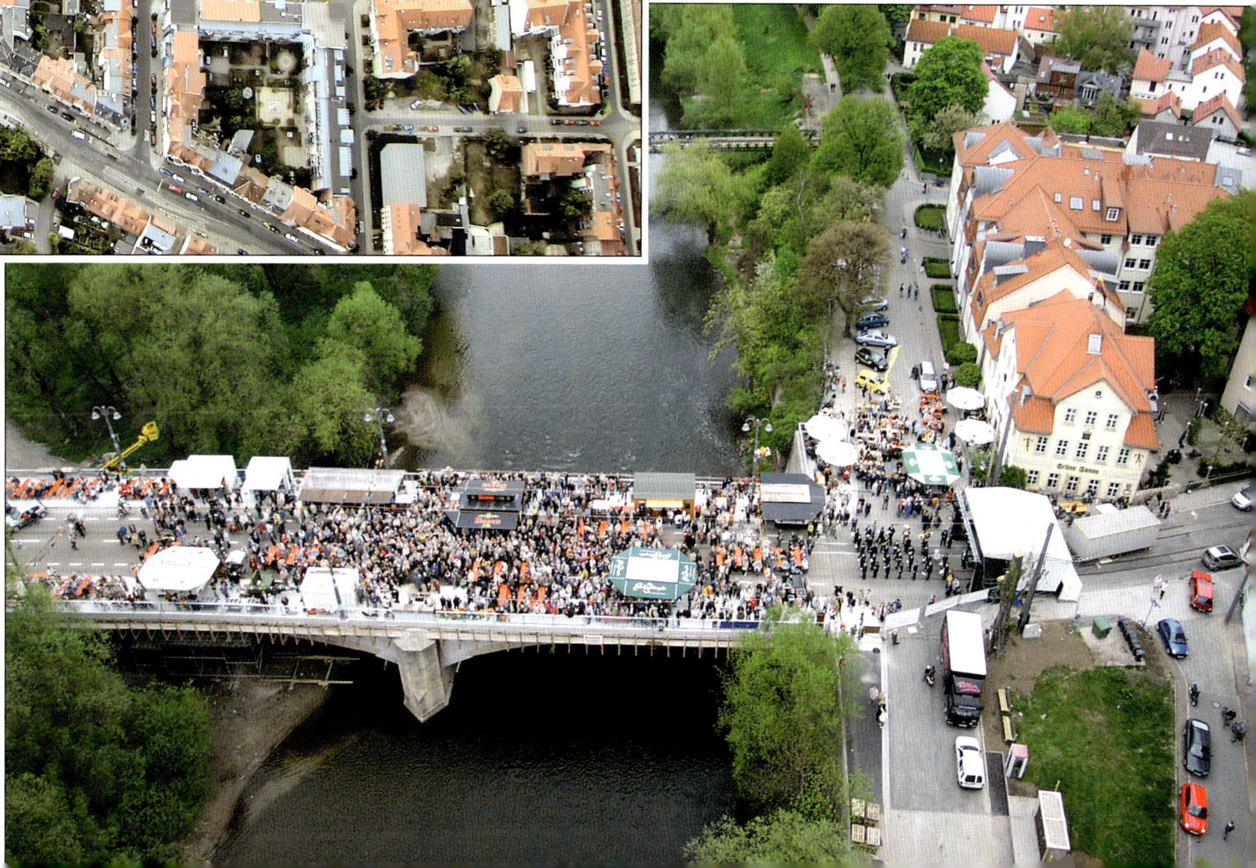

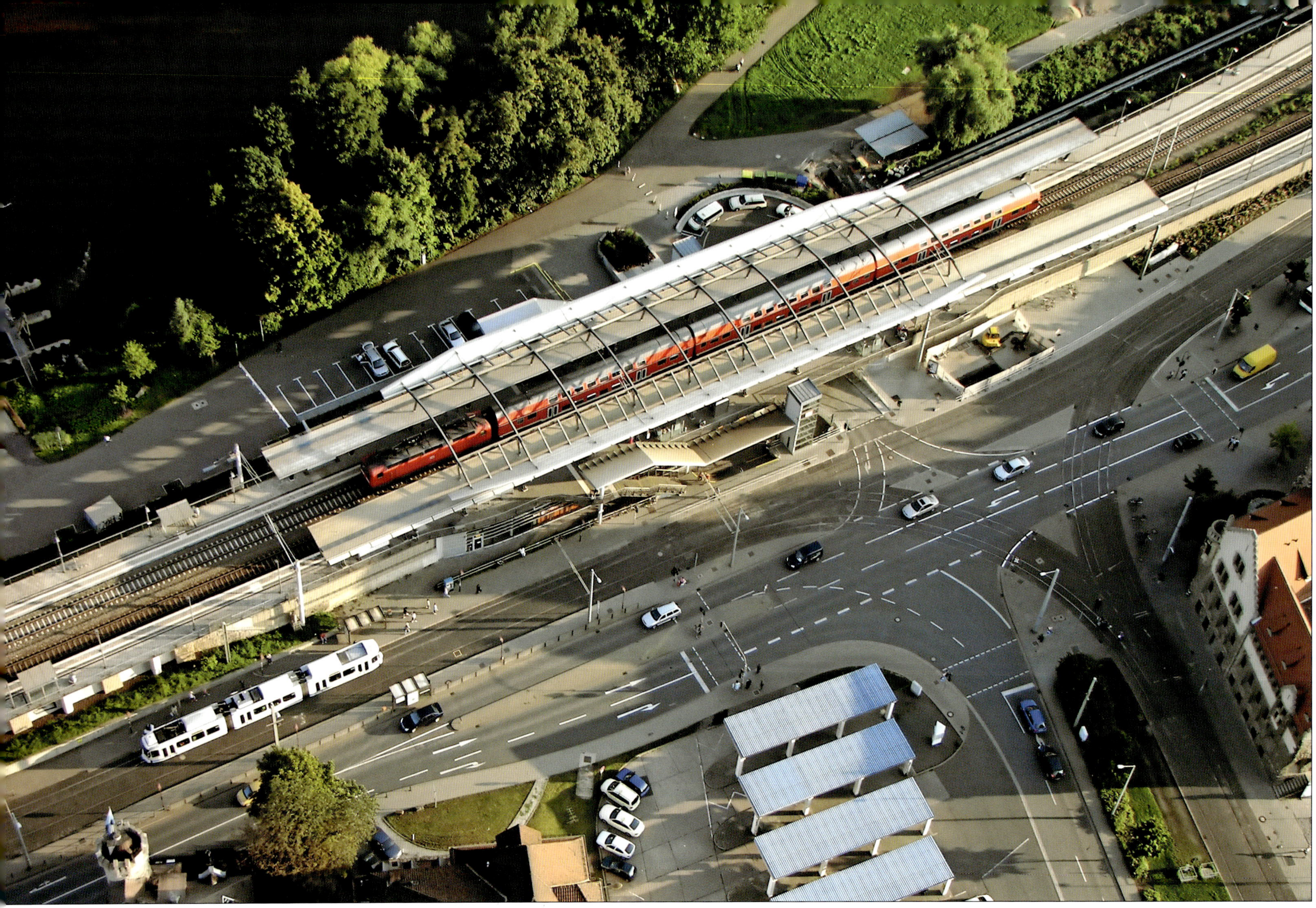

Der neue **Hauptbahnhof** unserer Stadt: „**Jena–Paradies**“ – direkt unter uns der alte **Busbahnhof**. (14.08.2007)

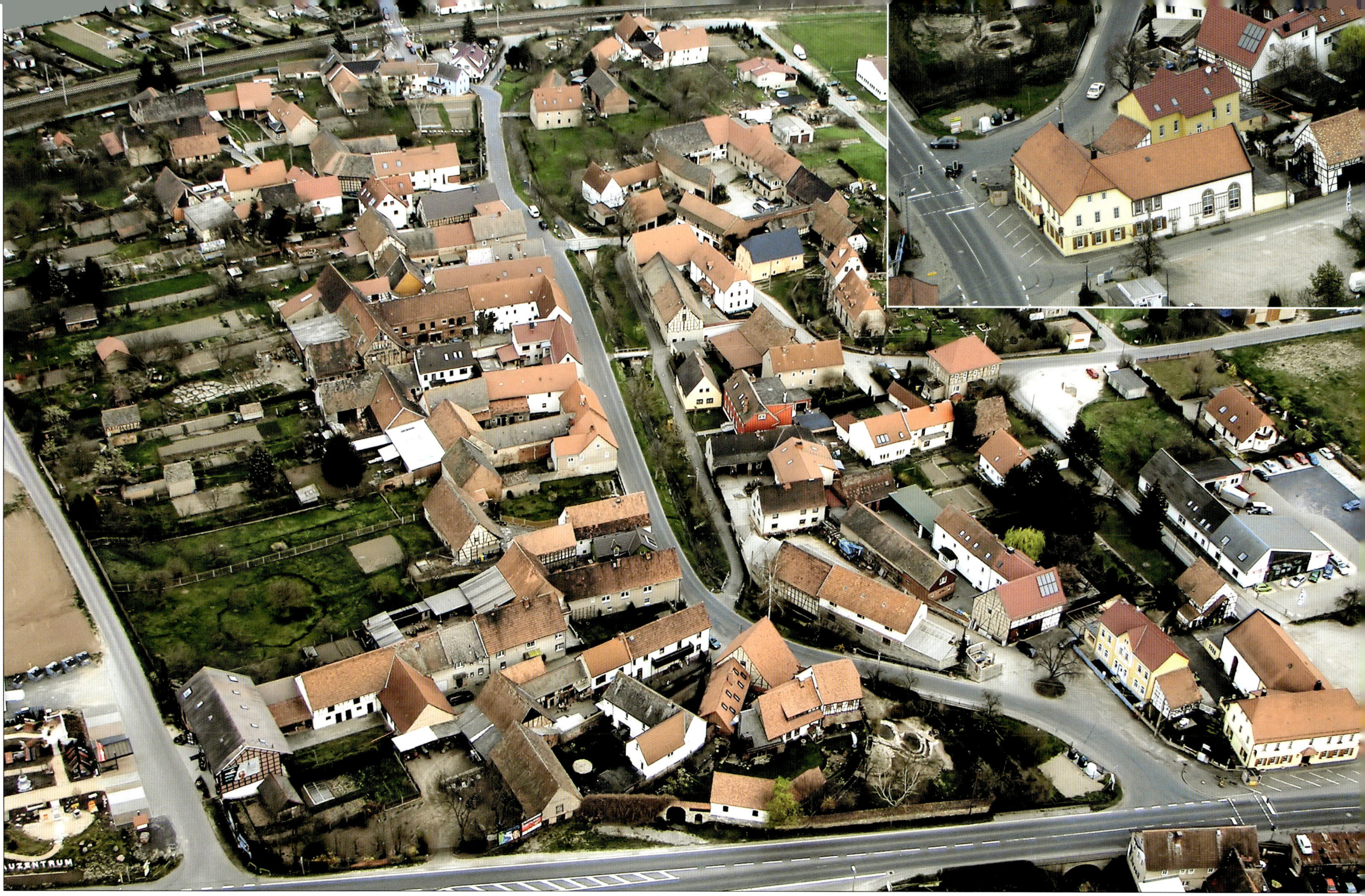

Blick über **Maua** in Richtung Osten. Am unteren Bildrand die **B 88** und rechts die Gaststätte **„Goldenes Schiff".** (06.04.2007)

Rechts oben, kleines Foto: Gaststätte „Goldenes Schiff".

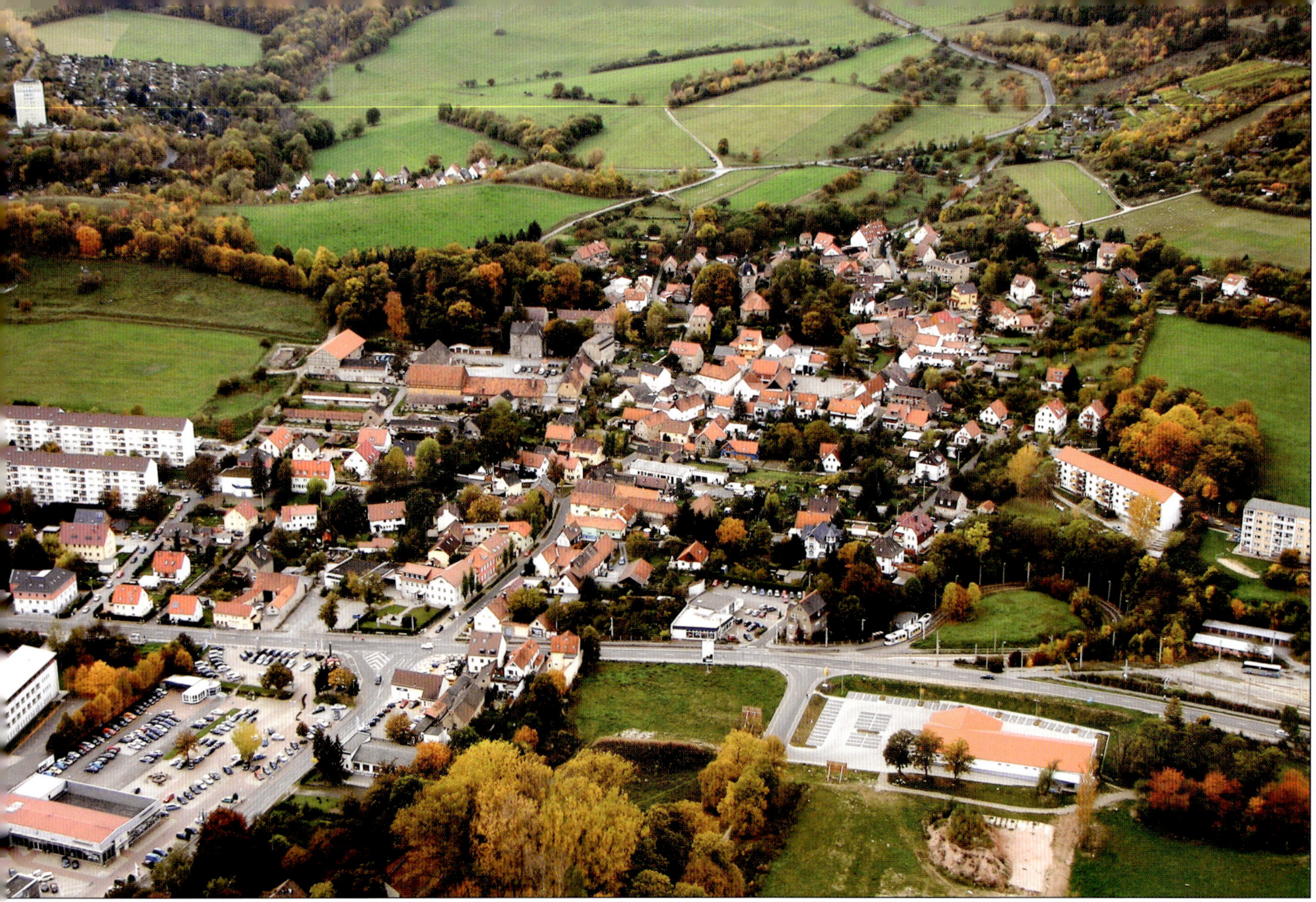

Jena-Zwätzen. Links unten Gelände des **Autohauses Fischer**. Am rechten Bildrand die **Wendeschleife** der Straßenbahn. Rechts oben die **Jenaer Weinberge**. (22.10.2006)

Siedlung im **Himmelreich bei Zwätzen**. (21.10.2007)

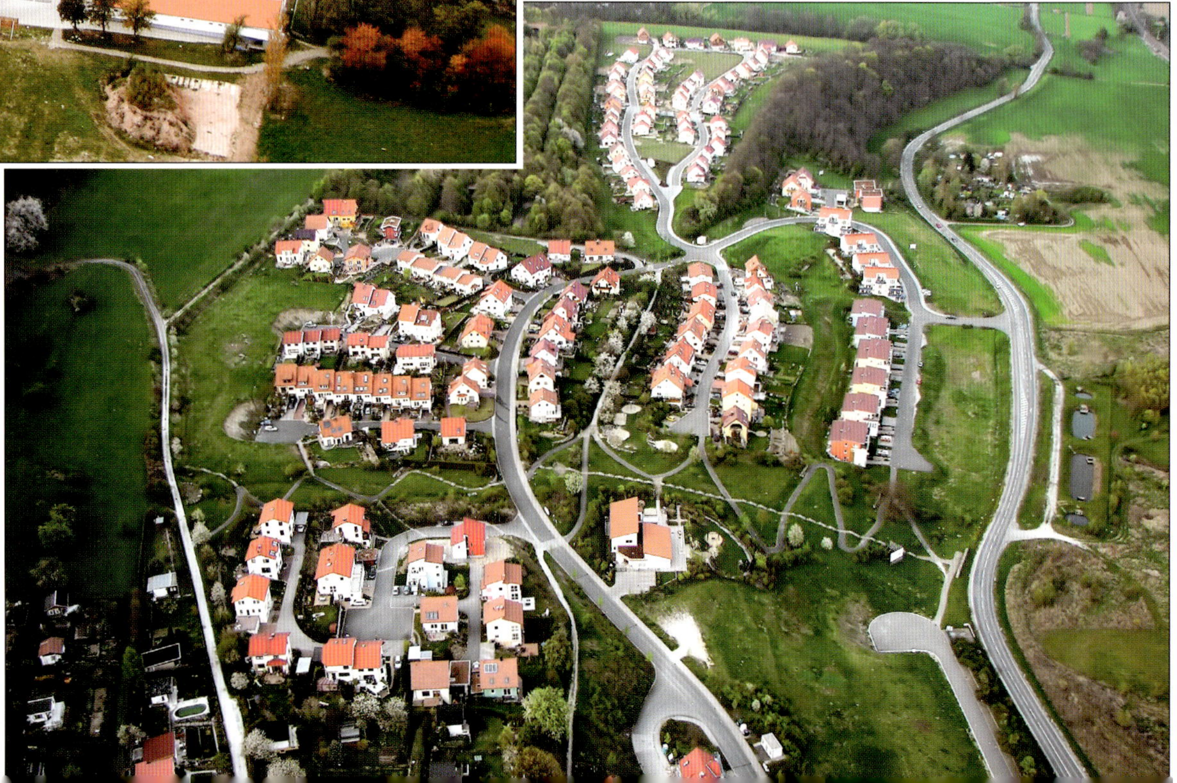

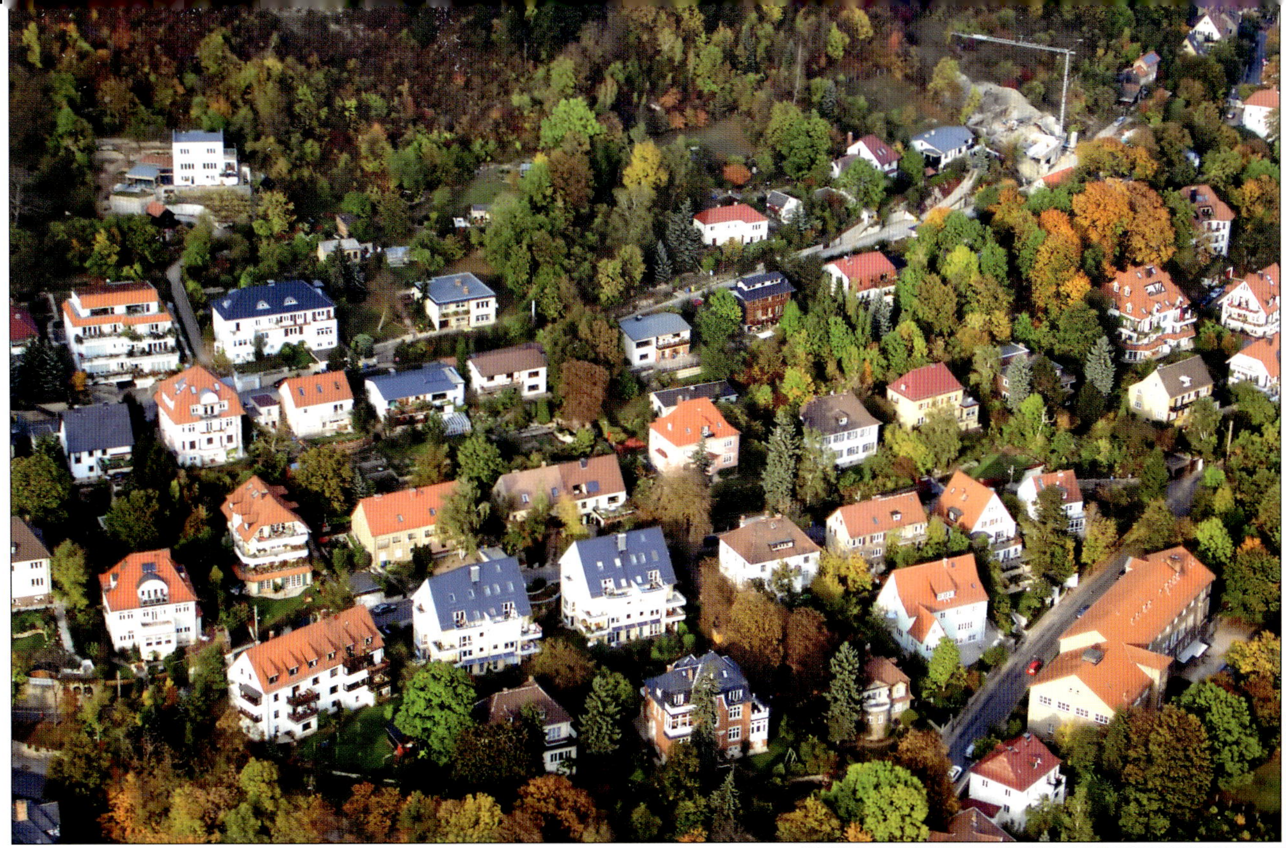

Villengelände unter dem „**Landgrafen**“. (09.10.2005)

Jena-Nord vom **Hölleinplatz** bis zu den **Punkthäusern** in der **Closewitzer Straße**. (28.04.2008)

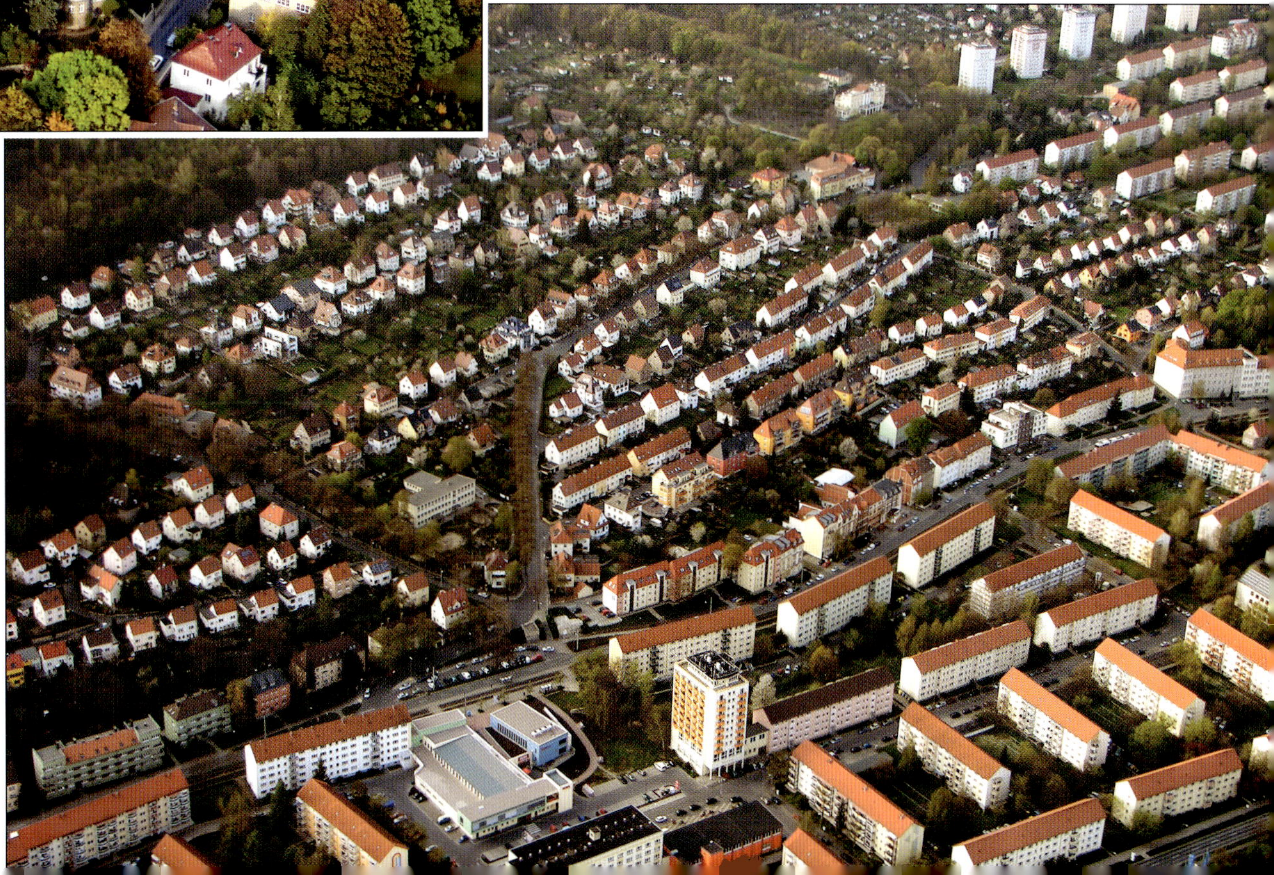

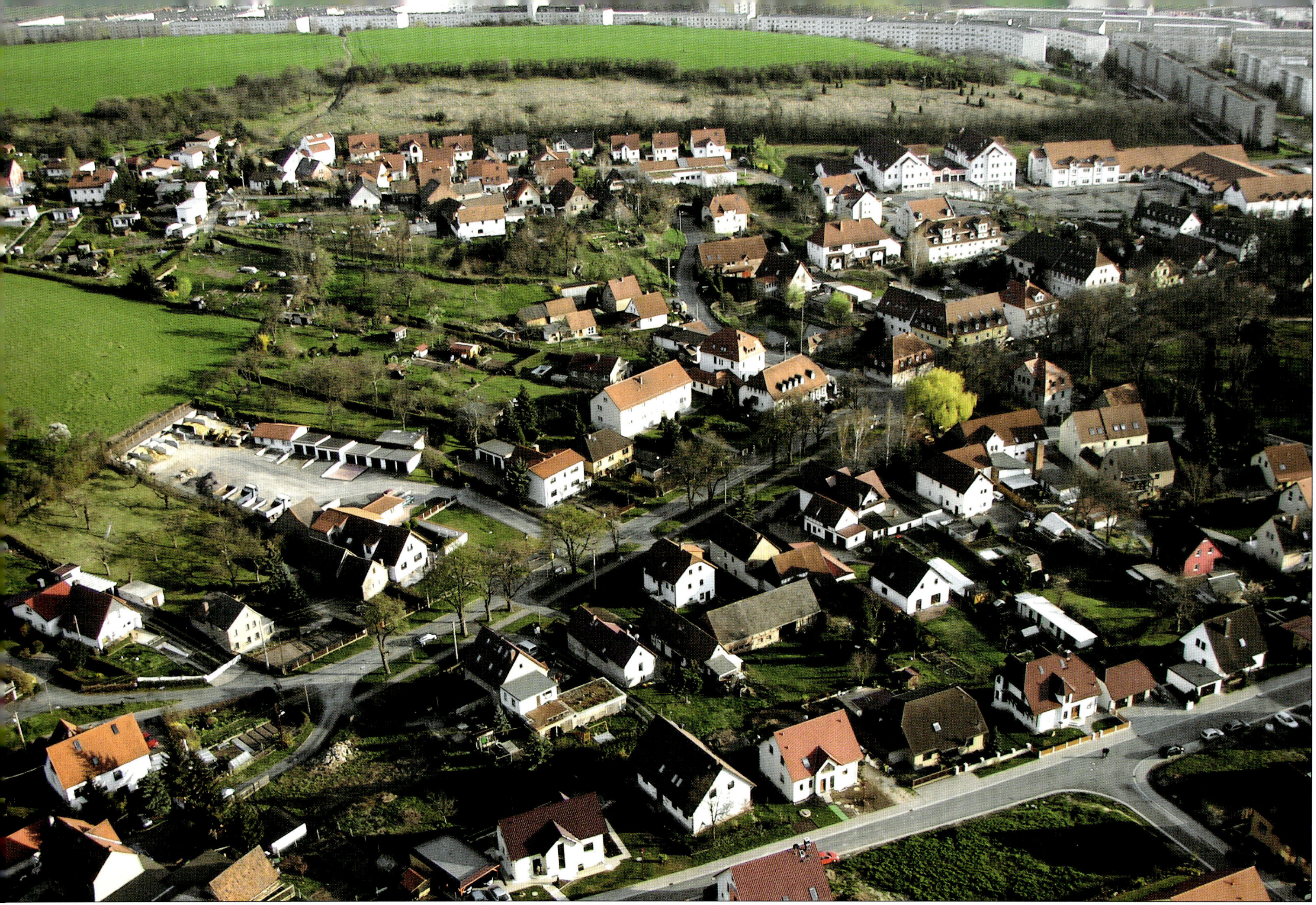

Das alte **Drackendorf** im Vordergrund und dahinter die Neubauten „**Zur Lämmerlaide**". (08.04.2007)

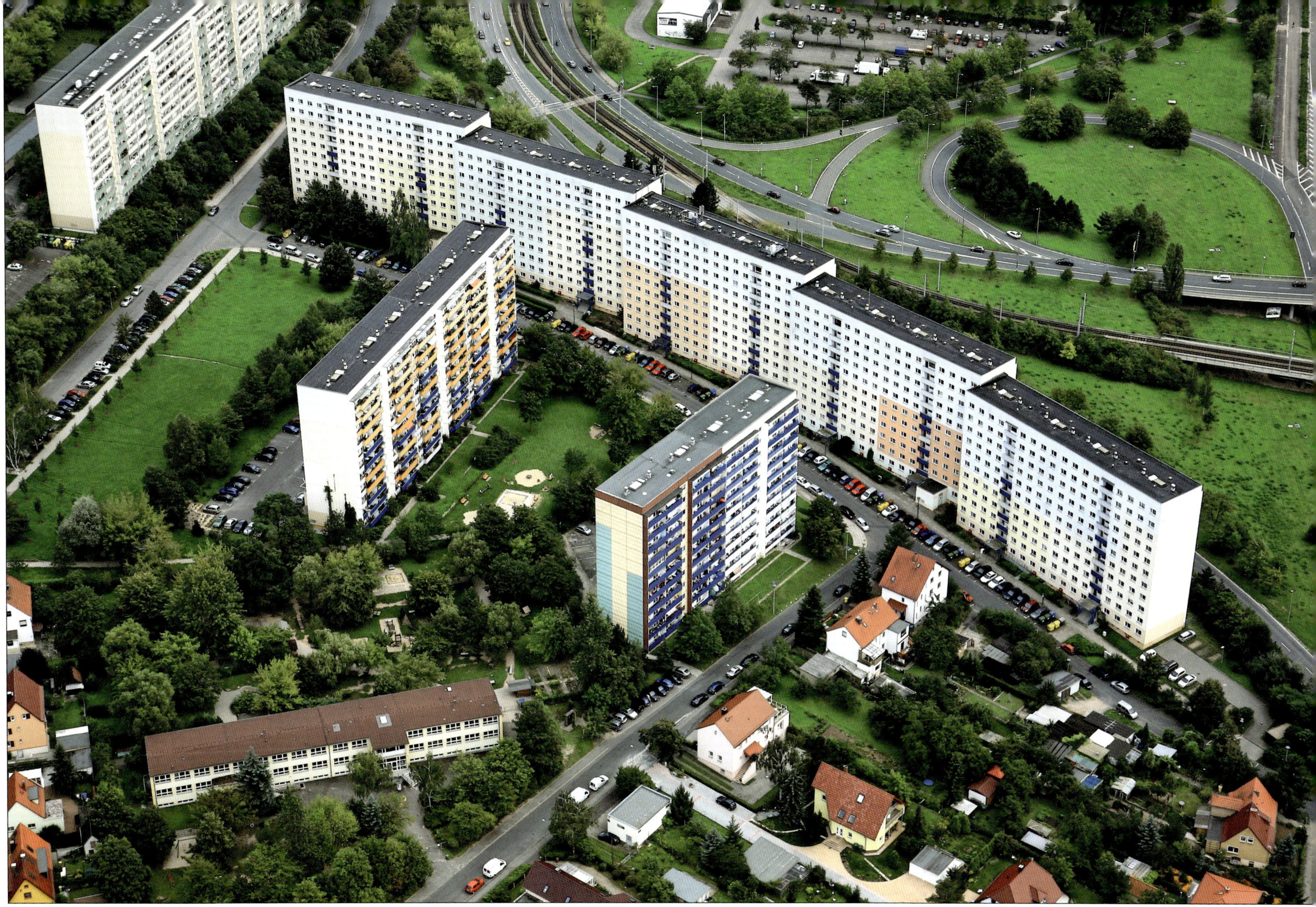

Als die „**Chinesische Mauer**“ werden die fünf Hochhäuser an der Nordseite von **Lobeda-Ost** von vielen Jenaern bezeichnet. (27.08.2007)

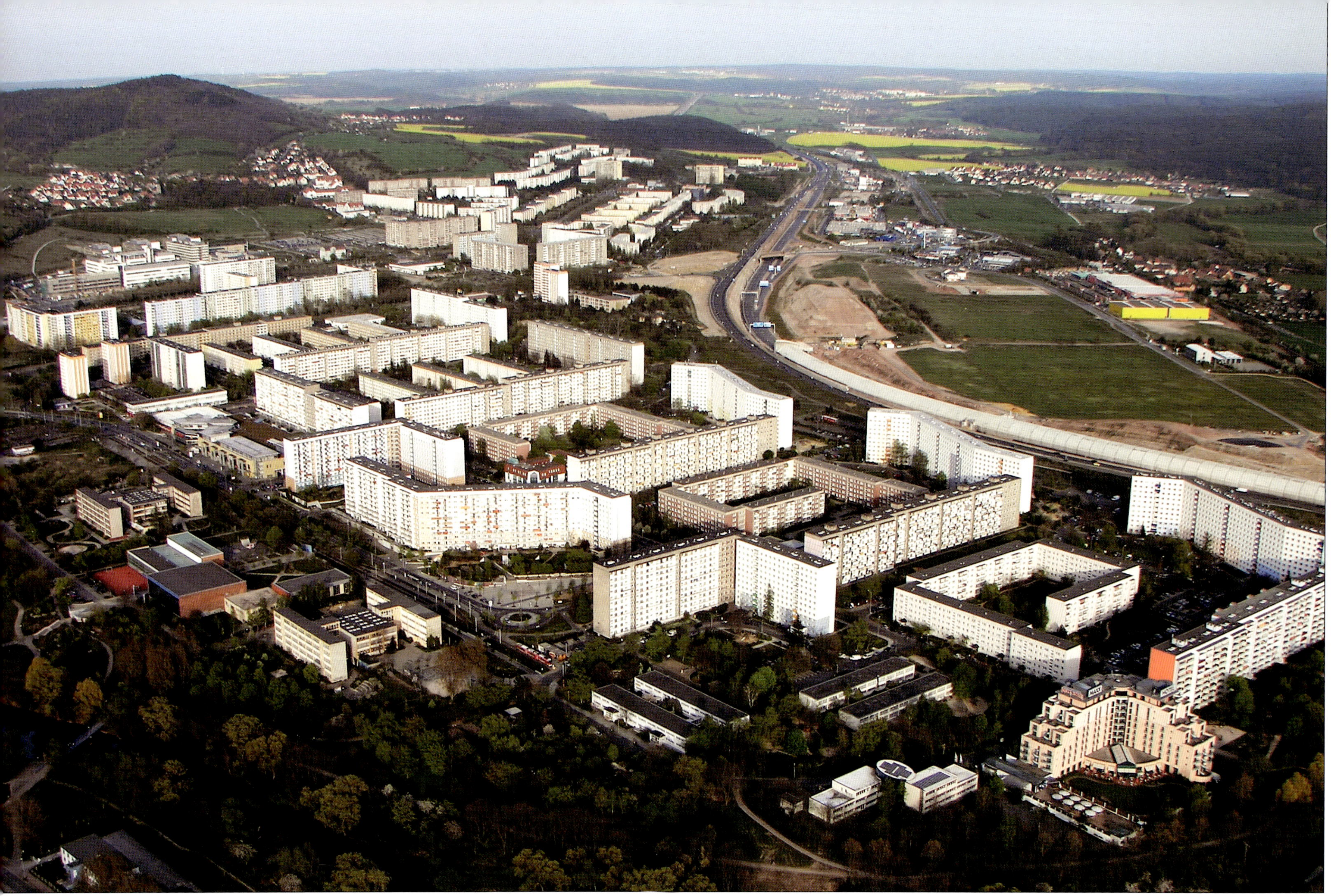

Lobeda-West. Im Vordergrund (von li.) **Karl-Marx-Allee** mit **REWE** und **Kaufland.** Das Steigenberger **MAXX-Hotel** in der **Stauffenbergstraße** (rechts u.). Die neue Röhre, der **Lobdeburg-Tunnel**, ist deutlich zu sehen. (22.04.2007)

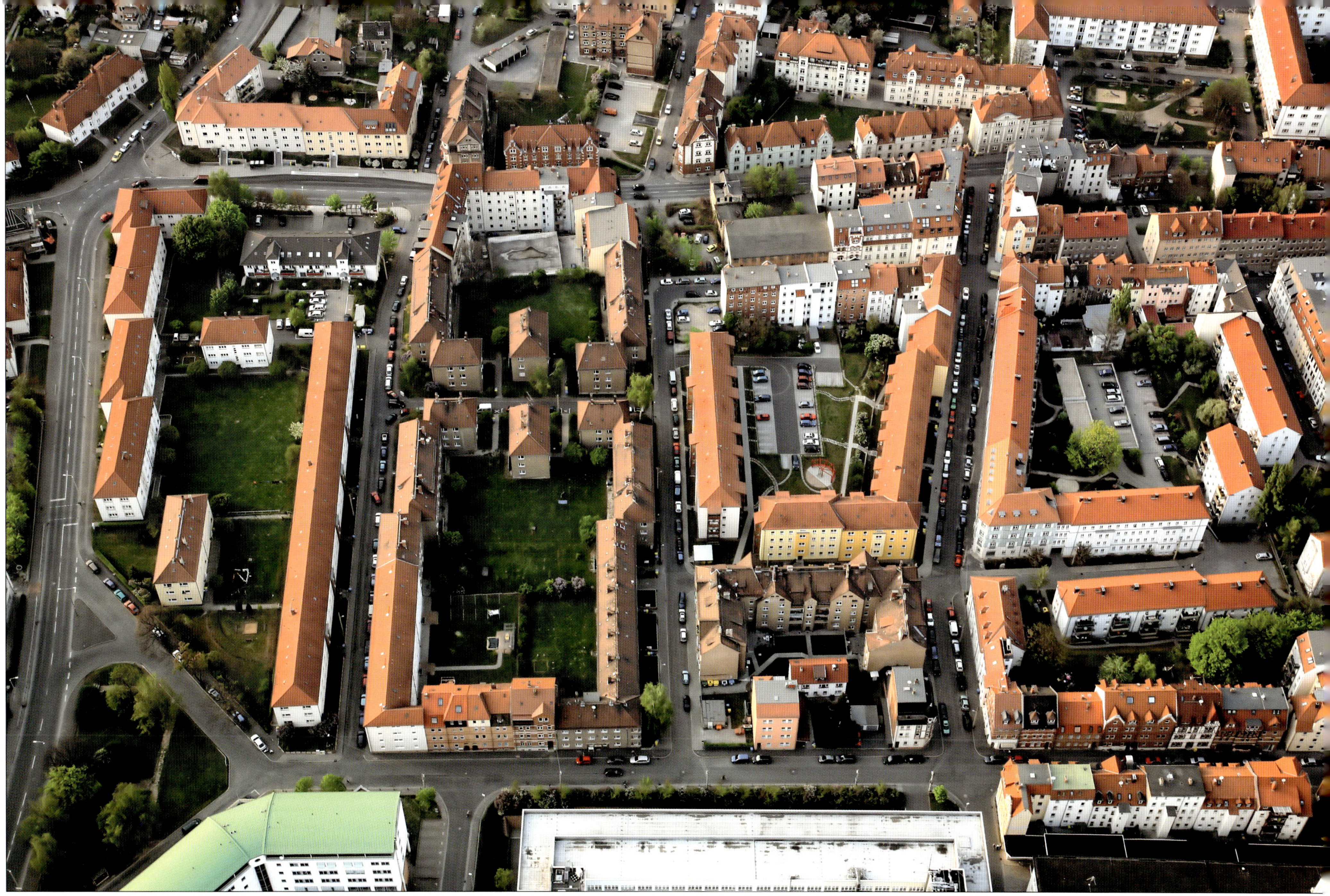

Ein seltenes Motiv zwischen **Magdelstieg, Tatzendpromenade, Berthold-Koch-Platz und Otto-Schott-Straße**. (25.04.2007)

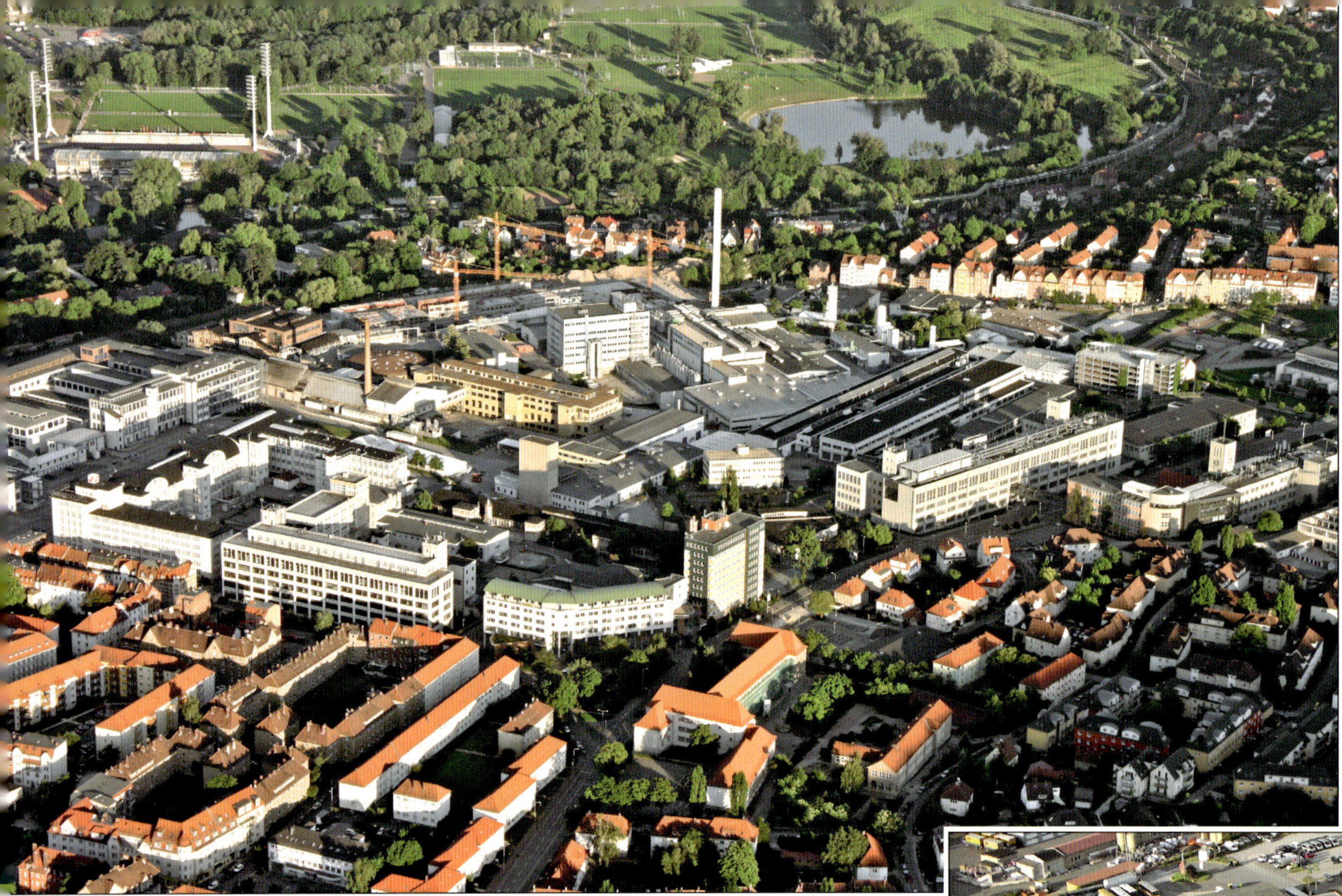

Ein sehr schöner Überblick vom **Magdelstieg,** der **Tatzendpromenade** sowie der **Carl-Zeiss-Promenade** über die **Fachhochschule** bis zur Mühlenstraße. Auf dem **Gewerbegebiet Tatzendpromenade** befinden sich u.a. die Betriebe **SCHOTT JENAer Glas** und deren **eigenständige Gesellschaften,** sowie **Jenapharm** und **Zeiss-Ausgründungen,** um nur einige zu nennen. Dahinter liegt der **Schleichersee** und links oben das **Ernst-Abbe-Sportfeld.** (11.06.2006)

Das Gewerbegebiet **Saalepark**, im Norden von Jena gelegen. (24.06.2007)

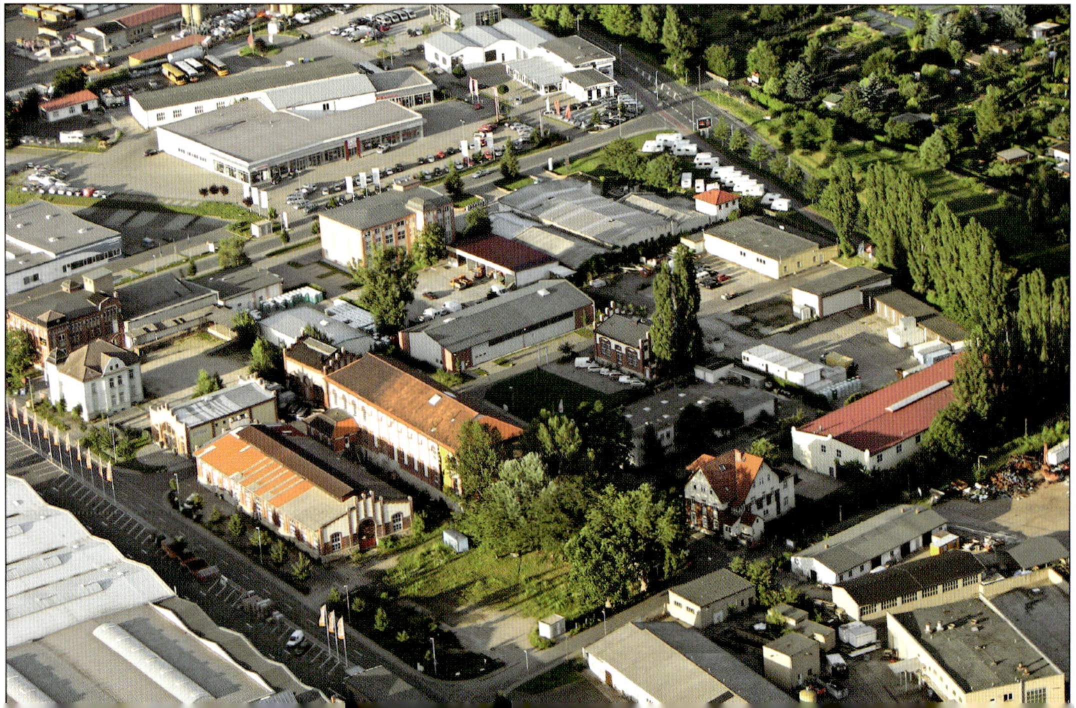

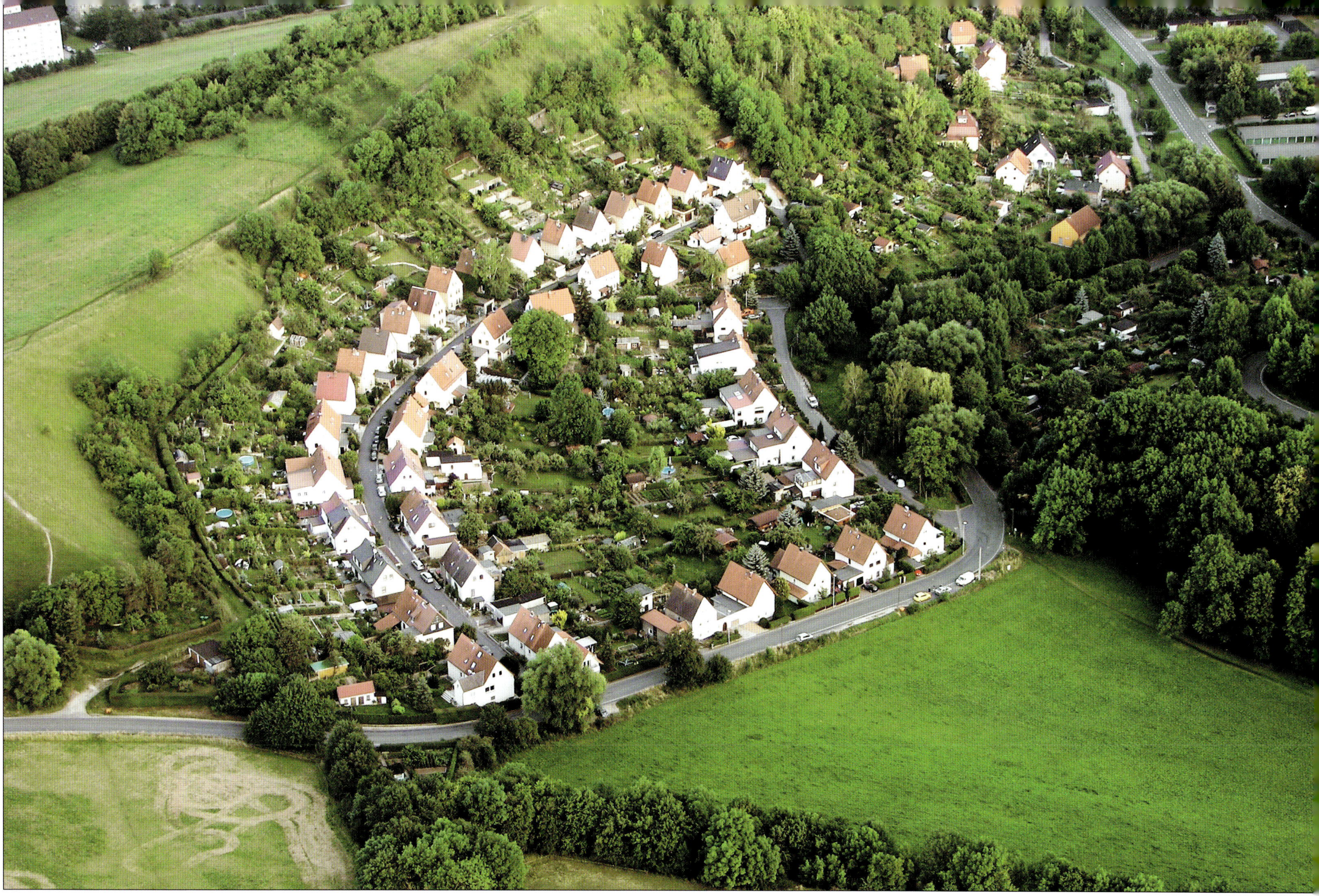

Die **Siedlung am Heiligenberg** entstand in den 30er Jahren. Sie liegt an der **Straße zum Jägerberg**. (24.06.2007)

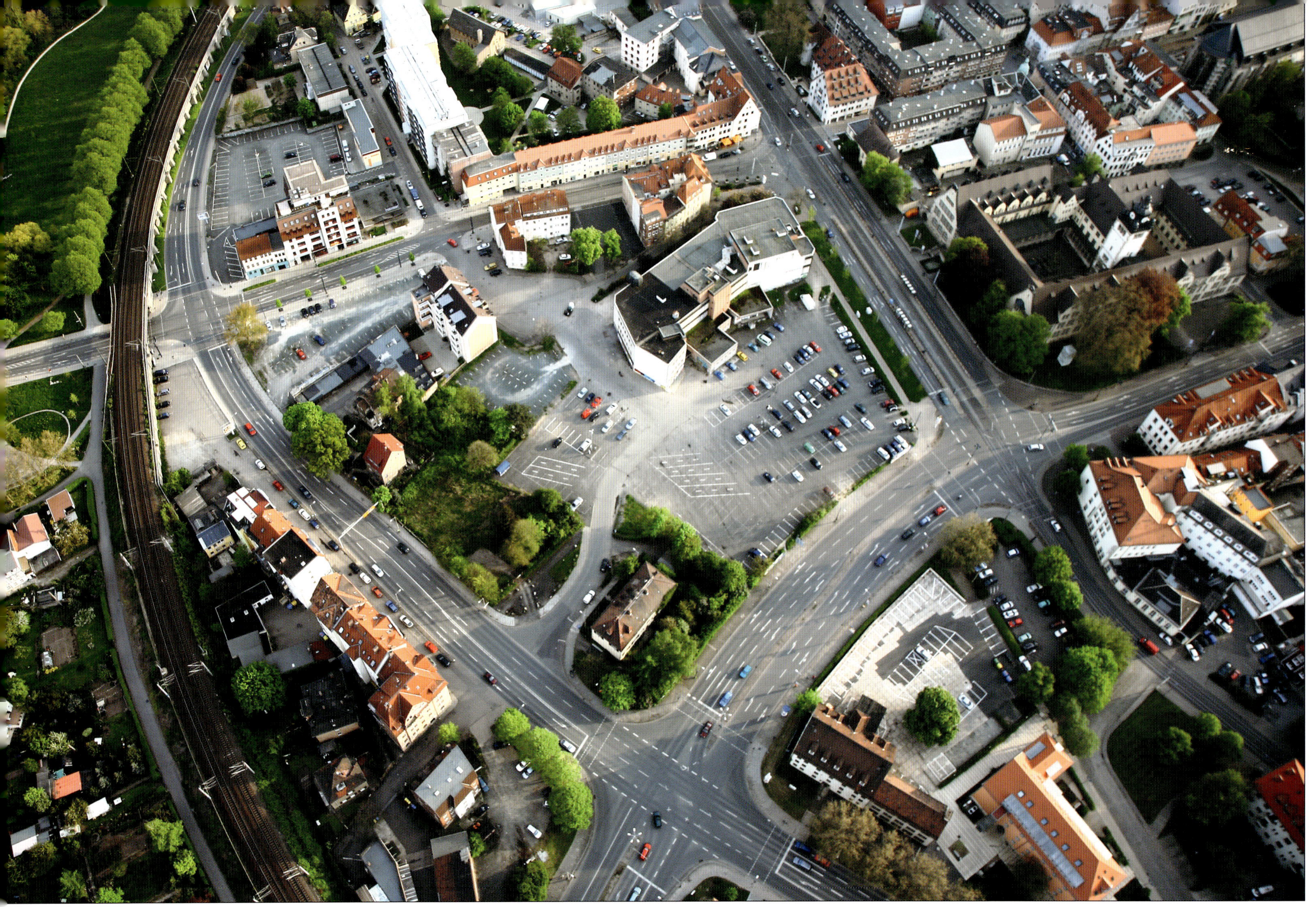

Die **Anger-Kreuzung** mit **Inselplatz** und dem seit Jahren stillgelegten **Horten-Kaufhaus**. Darüber der **Steinweg** vom **Eisenbahndamm** bis zum **Kupferhütchen**. Rechts die **Universität** und das **Hotel Schwarzer Bär**. (03.05.2008)

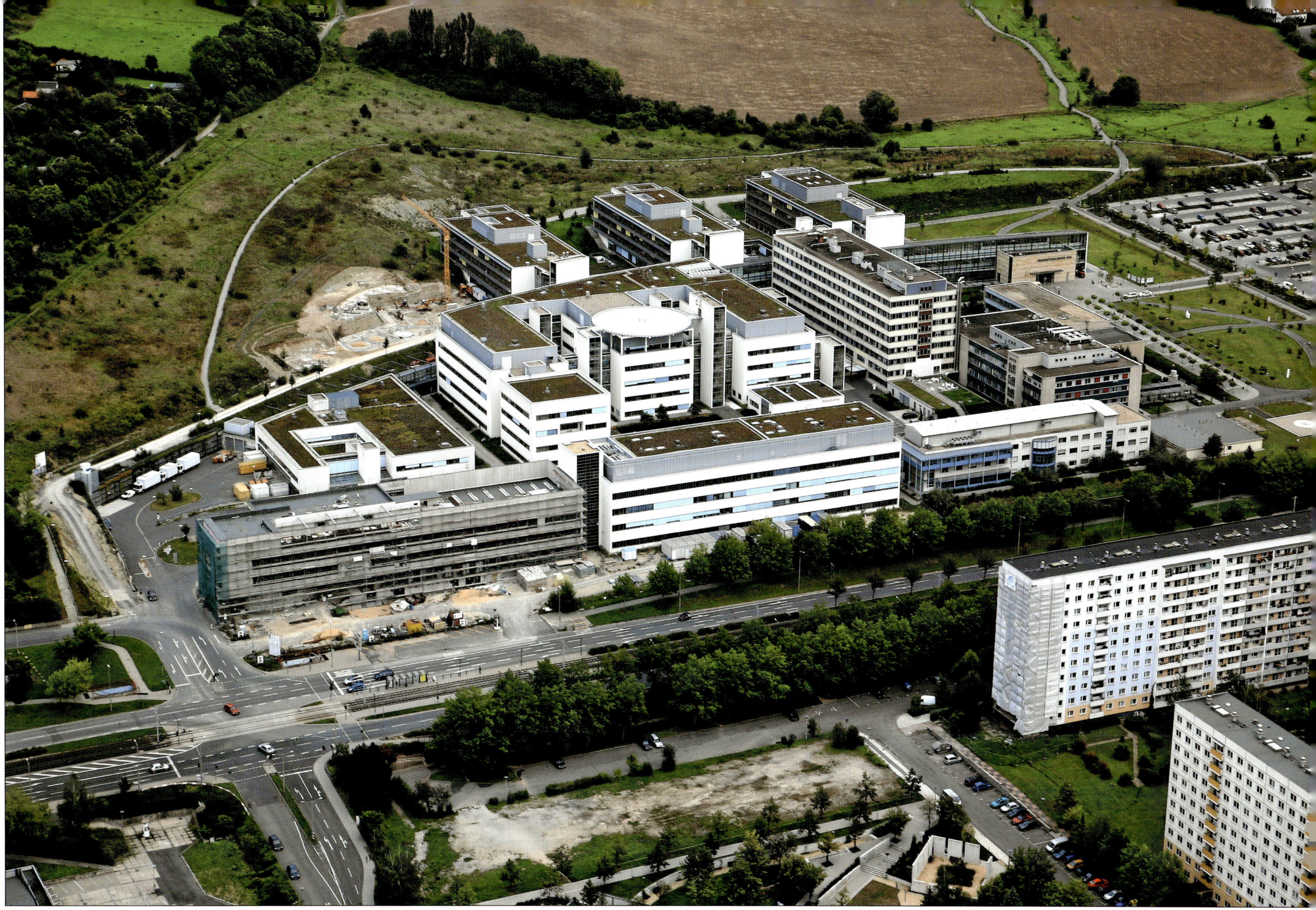

Gesamtansicht: **Universitätsklinikum Jena-Lobeda**, **Erlanger-Allee**. (27.08.2007)

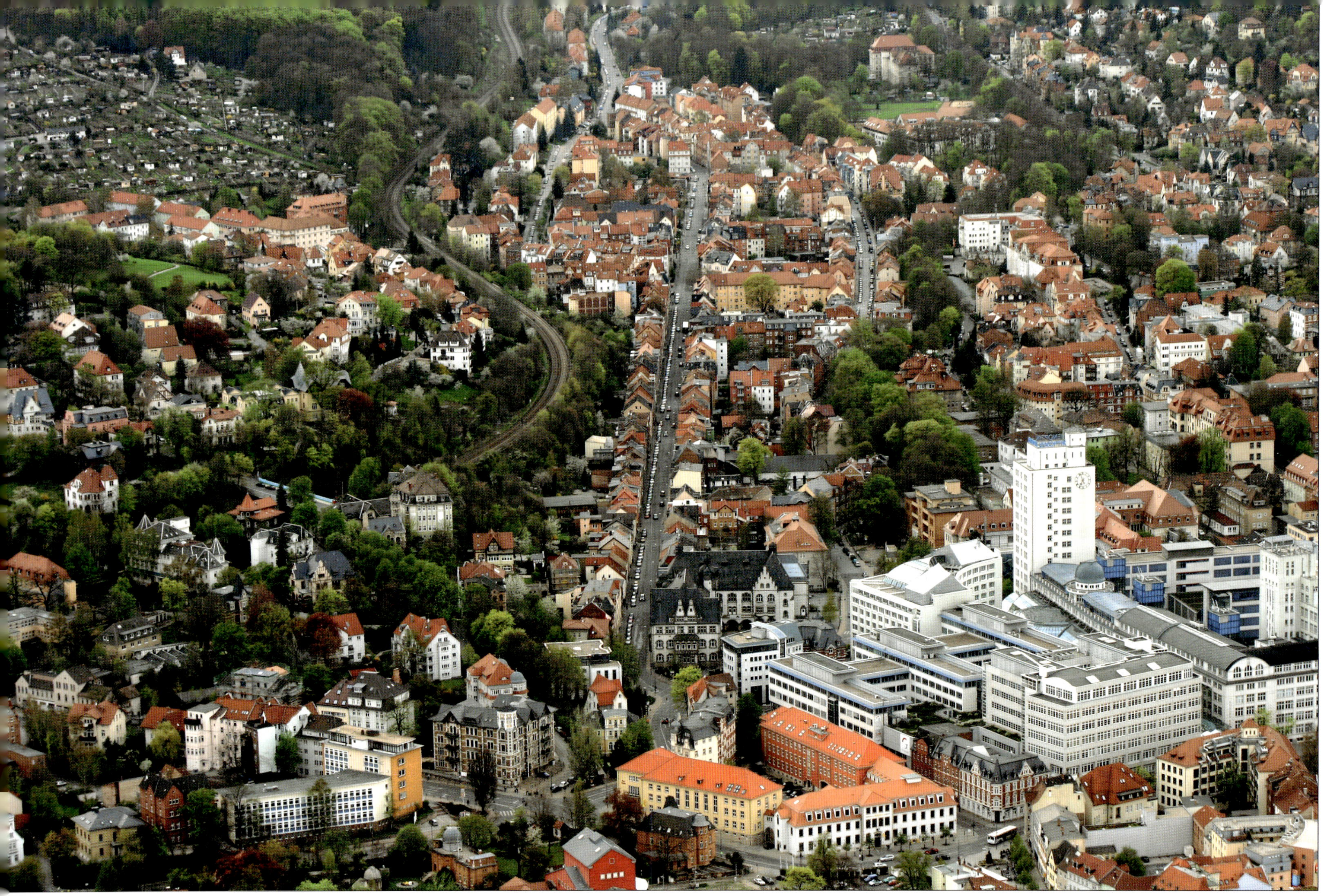

Ein sehr schönes Motiv. Zu sehen ist die **ehemalige Zeiss-Poliklinik** (links unten), die **Hauptpost** sowie der **Rest des alten Zeiss-Hauptwerkes**. Der größere Teil wurde nach der Wende abgerissen. Heute befinden sich dort die **Goethe Galerie** und **Einrichtungen der Universität**. Links schlängelt sich die Eisenbahnlinie von und in Richtung Weimar am Berg entlang. Daneben die lange **Lutherstraße** und das **Volkshaus**. (01.05.2006)

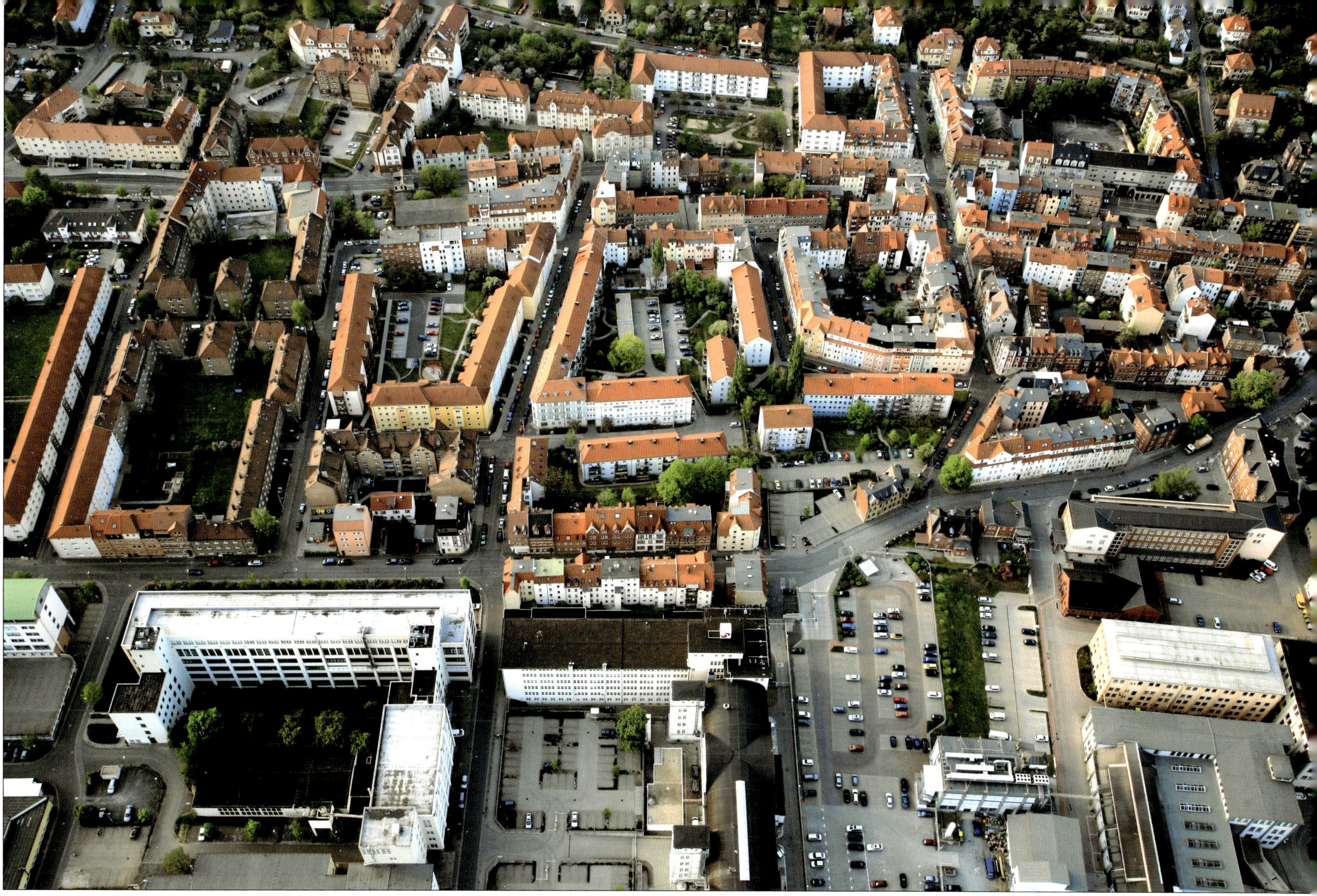

Der Blick richtet sich auf das **Südviertel**, einen Teil des Betriebes **SCHOTT JENAer Glas GmbH**, auf die Gaststätte „**Kastanie**“, die Wohnviertel um die **Otto-Schott-Straße** und den **Magdelstieg**. (25.04.2007)

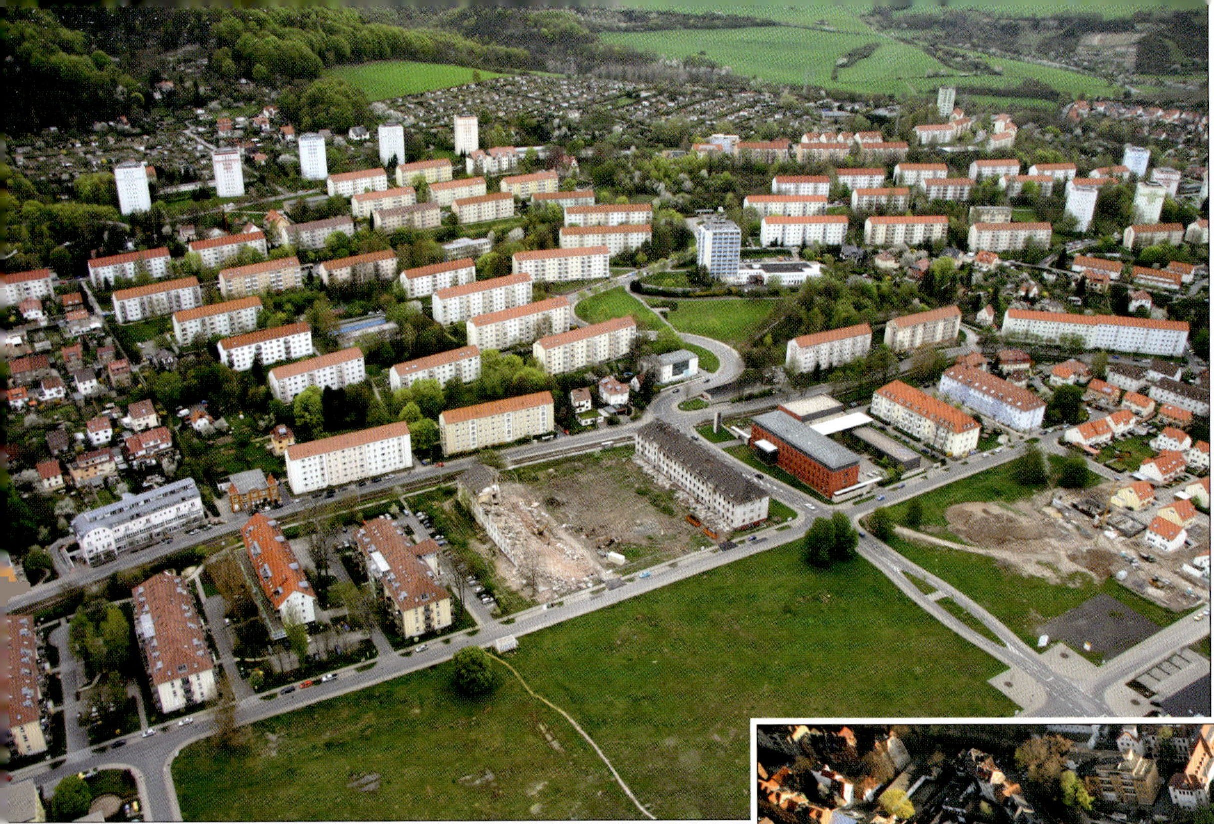

Im **Jenaer Norden**, zwischen **Camburger und Closewitzer Straße**, mit dem **Eulenhof** in der **Dornburger Straße**, den Wohngebieten **Nord II** und **Nord III**. (01.05.2006)

Unter uns liegt das **Zentrum um die Hauptpost**, die **Westbahnhofstraße**, das **Theaterhaus**, der **Carl-Zeiss-Platz**, der **Uni-Campus**, die **Schillerstraße** sowie der untere **Forstweg**. (14.04.2007)

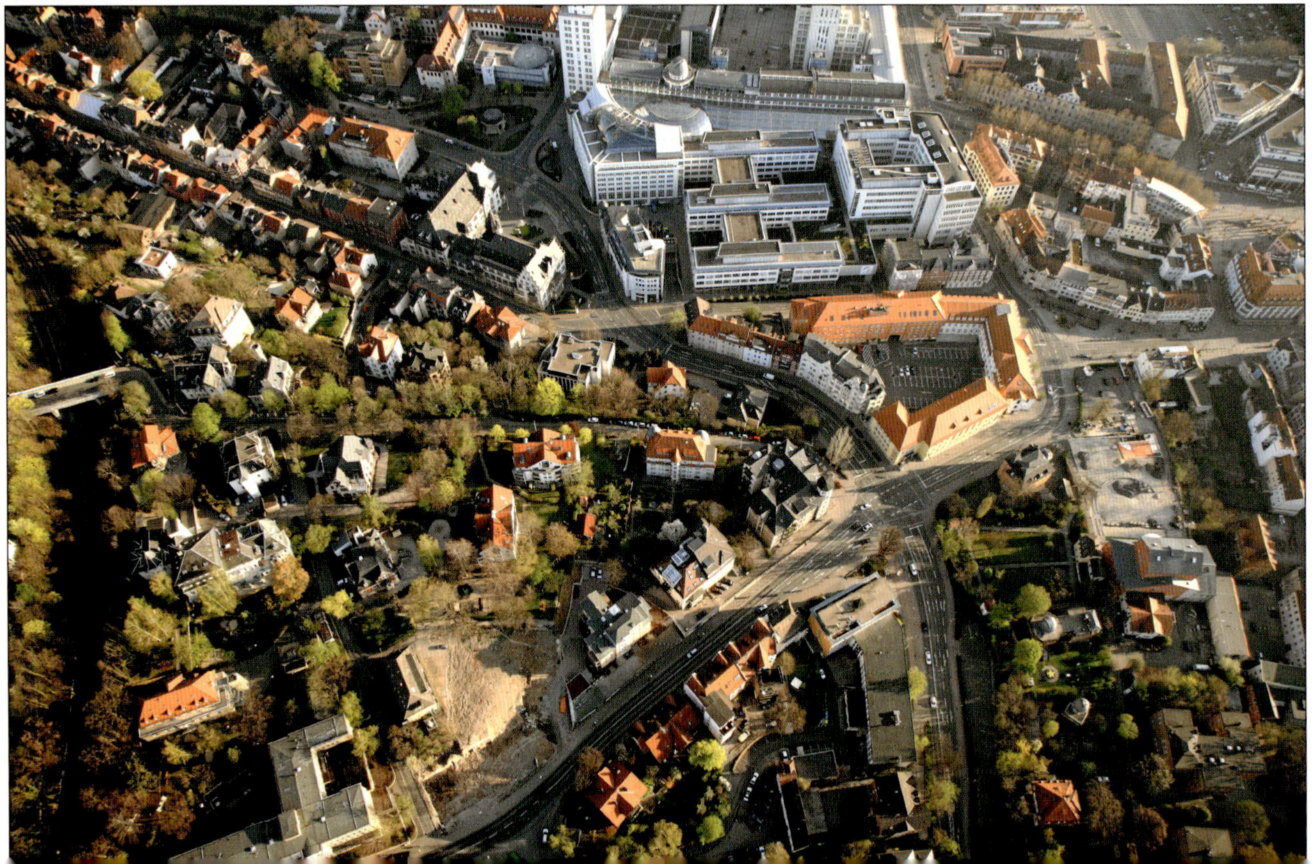

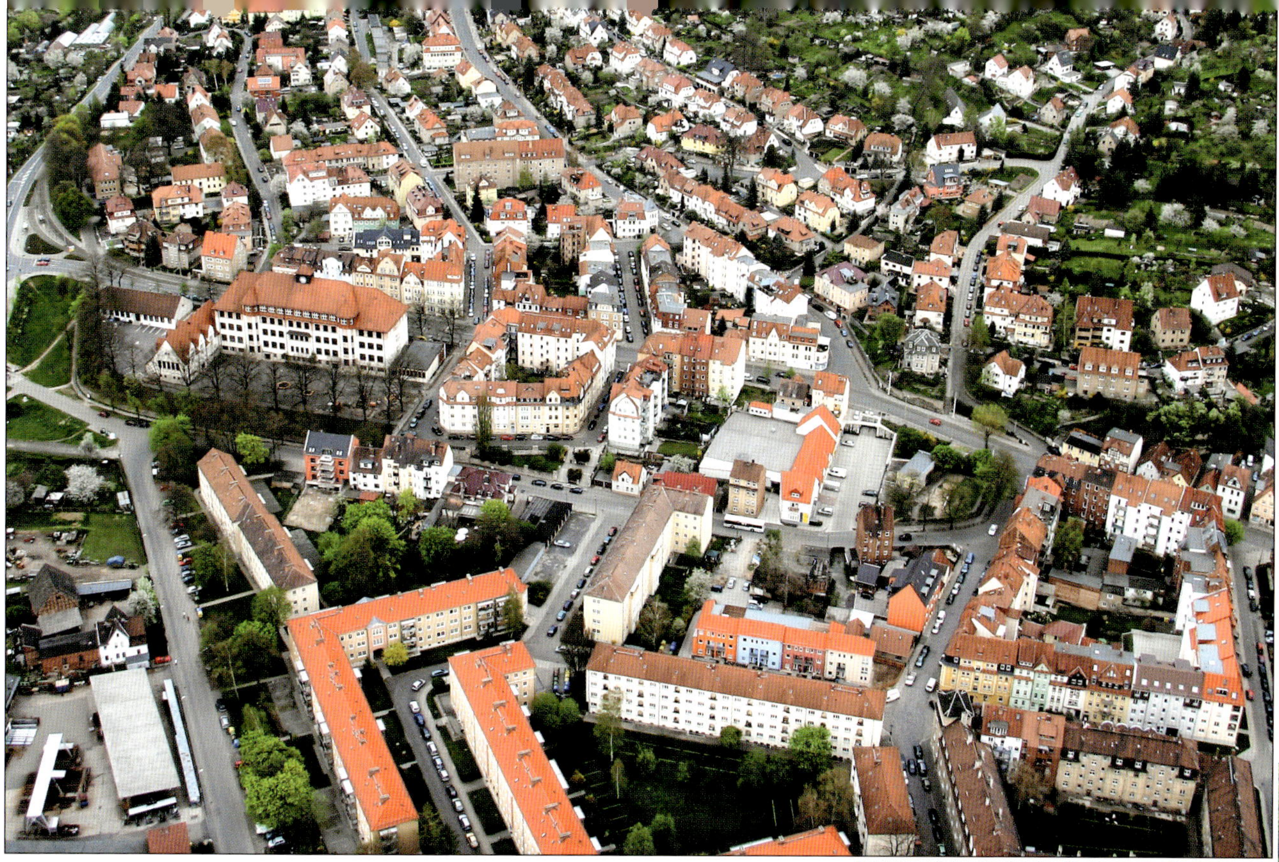

Eine ungewöhnlich schöne Aufnahme. In der Bildmitte: Ansicht des **Edeka-Marktes** in der **Kunitzer Straße**. Darüber liegt die **Karl-Liebknecht-Straße** mit den Abzweigungen **Steingraben, Heydenreichstraße. Am Steinborn** beginnt mit dem **Rabenstieg** die sogenannte **Vogelkolonie**. (29.09.2006)

Hier steht im Mittelpunkt das **Theaterhaus Jena** mit den Aufbauten für die **Kulturarena**. Ein kleiner Teil der **Neugasse** und das **Schillergässchen** mit der **Sternwarte** sind zu sehen. Ein Unfallschwerpunkt in unserer Stadt, die **Kreuzung Westbahnhofstraße / Ernst-Haeckel-Platz** ist deutlich zu erkennen. (01.07.2006)

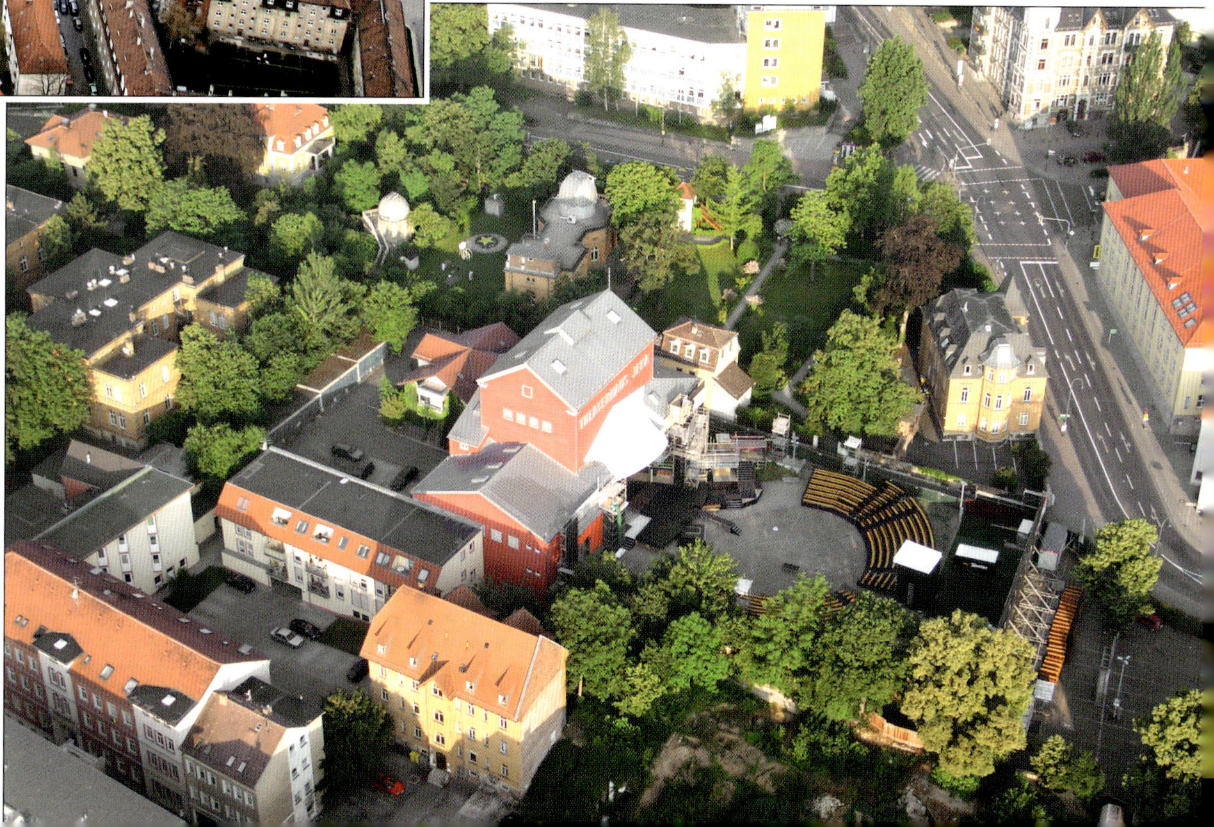

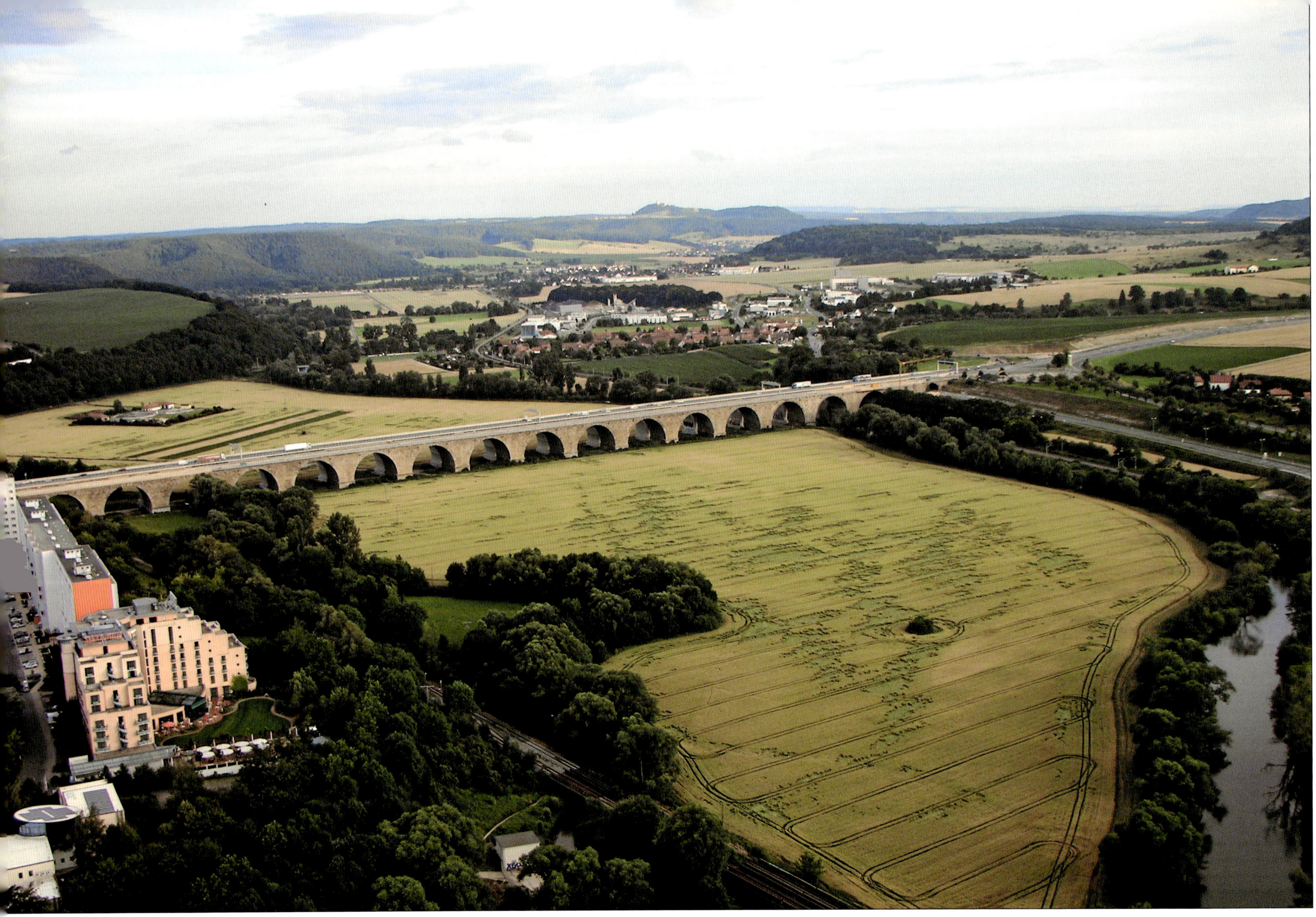

Dominant auf dieser Aufnahme ist die 1938 eingeweihte **Göschwitzer Autobahnbrücke** (so wurde sie seinerzeit genannt). Dahinter liegt **Maua** mit seinen Gewerbegebieten. Am Horizont deutet sich die **Leuchtenburg** bei **Kahla** an. (01.07.2007)

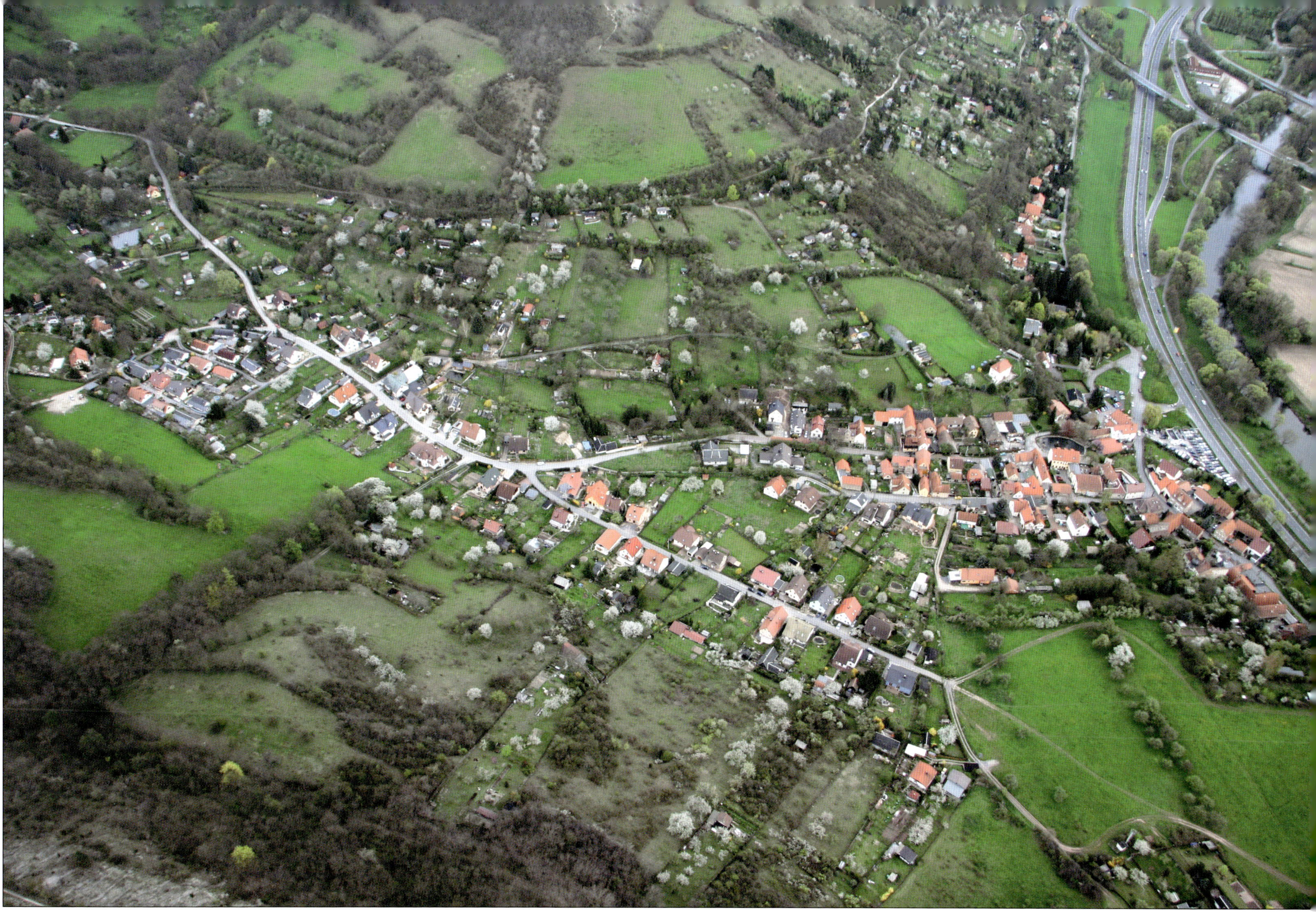

Siedlung im schönen **Pennickental** bei **Wöllnitz**. (01.05.2006)

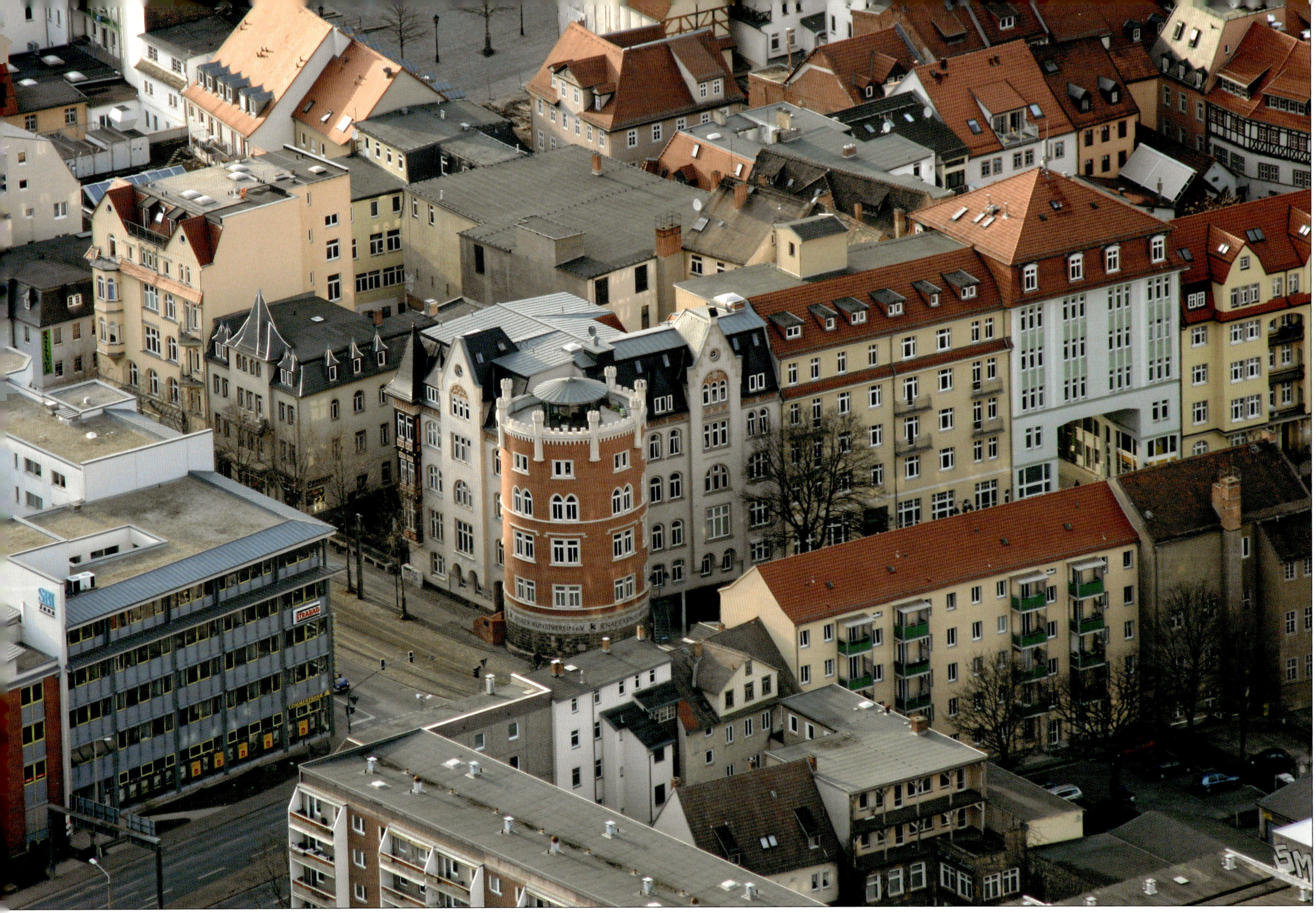

Löbdergraben / Ecke Fischergasse, die **Commerzbank**. Gegenüber **Roter Turm,** daran anschließend Stadthaus mit Passage. (v. li.) (09.04.2006)

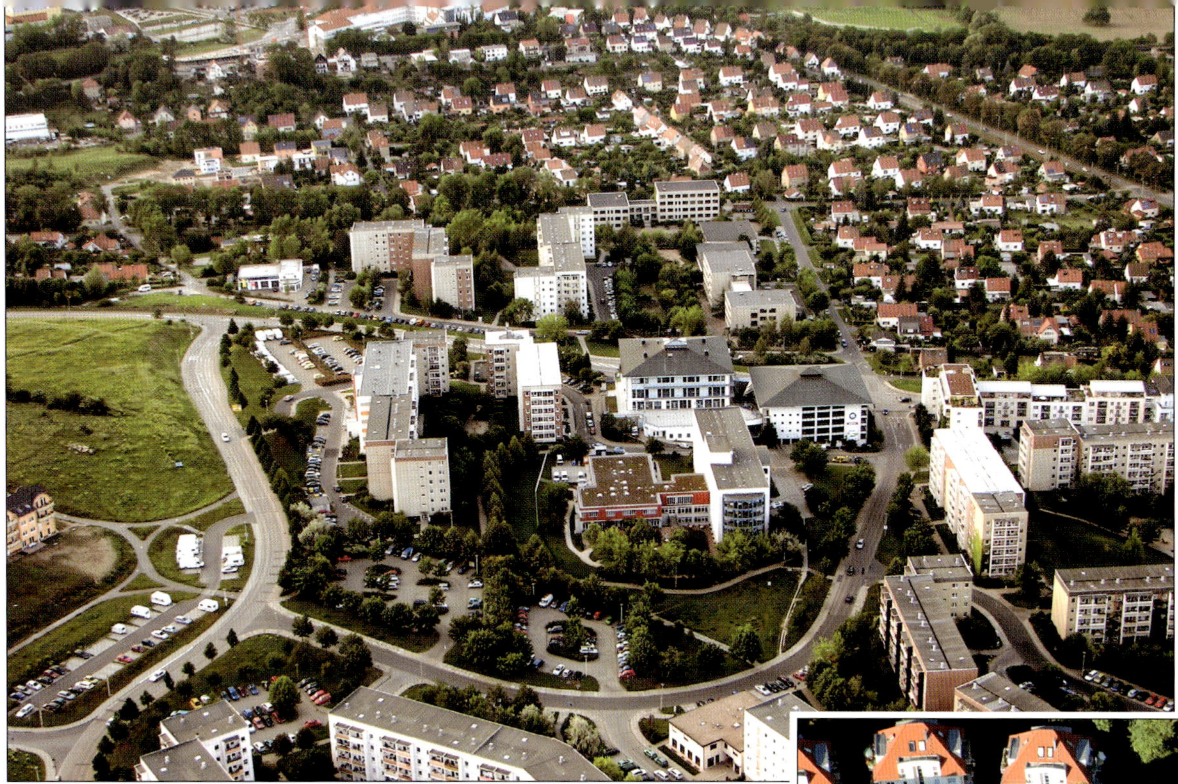

In der Bildmitte das **Seniorenheim Am Kleinertal**, daneben das **Columbus Center**. Im Hintergrund wieder die **Ringwiese**. (31.05.2007)

Im Westviertel: Unten die **Luther-** und rechts die **Katharinenstraße**. (24.09.2006)

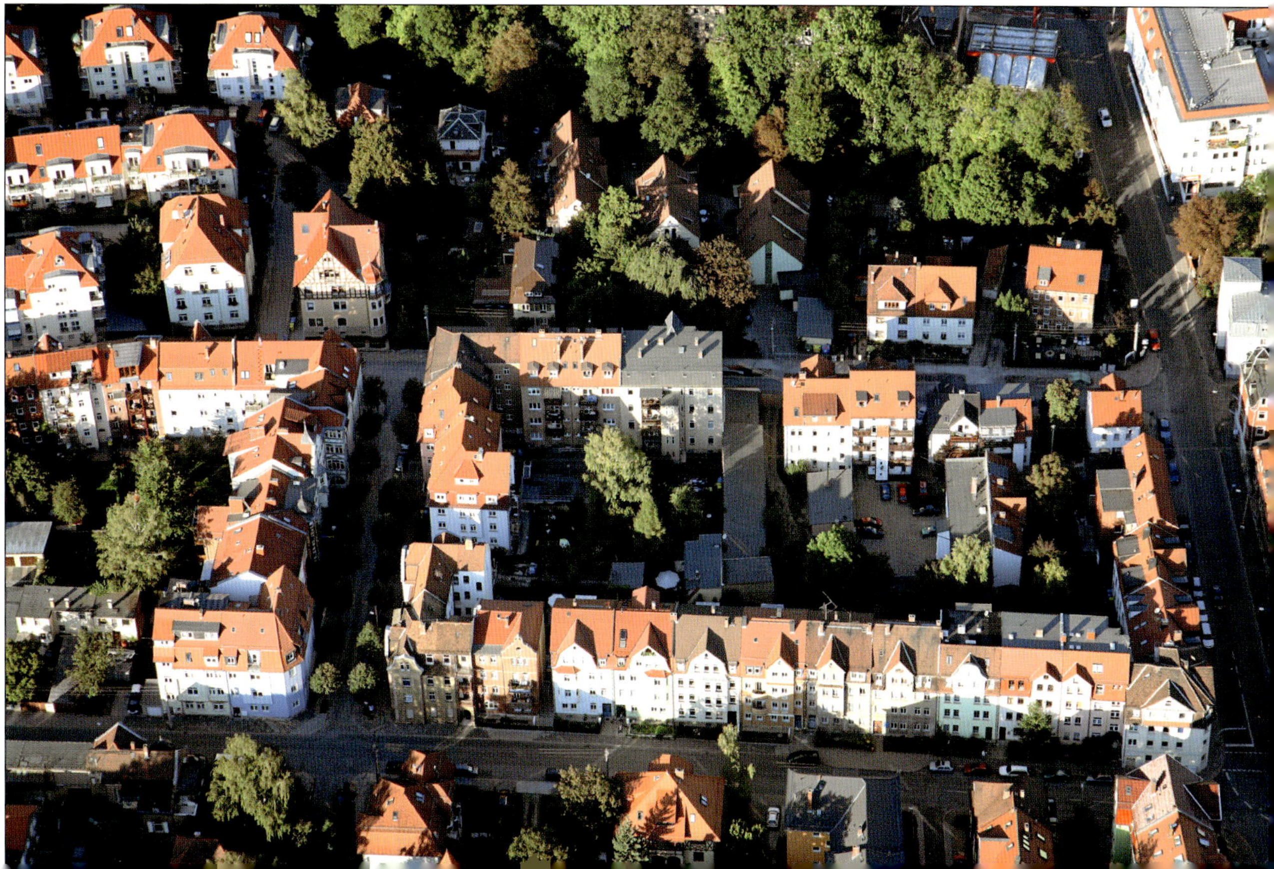

Weitere Bücher aus dem Herkules Verlag zum Verschenken

Alltagsgeschichten aus Ostdeutschland

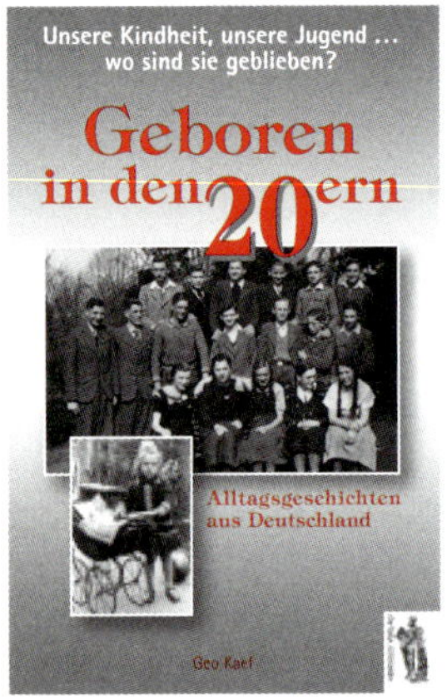

Geboren in den 20ern
Unsere Kindheit, unsere Jugend …
von Geo Kaef
80 S., gebunden, zahlr. S-w-Fotos
(ISBN 978-3-937924-58-8)

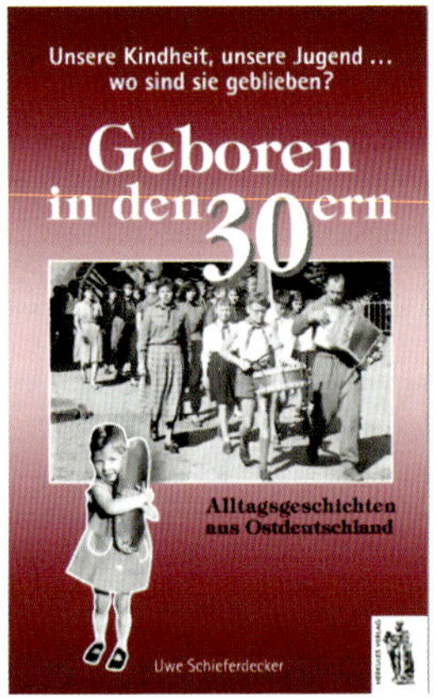

Geboren in den 30ern
Unsere Kindheit, unsere Jugend …
von Uwe Schieferdecker
80 S., gebunden, zahlr. S-w-Fotos
(ISBN 978-3-937924-59-5)

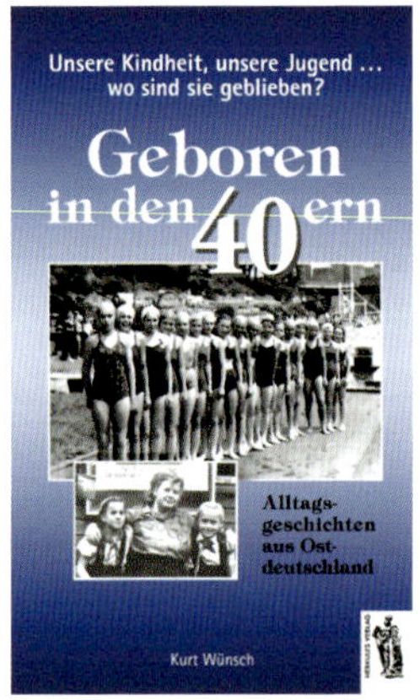

Geboren in den 40ern
Unsere Kindheit, unsere Jugend …
von Kurt Wünsch
80 S., gebunden, zahlr. S-w-Fotos
(ISBN 978-3-937924-60-1)

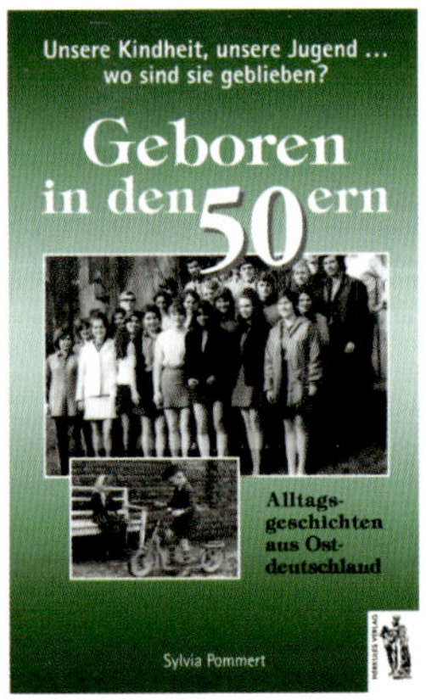

Geboren in den 50ern
Unsere Kindheit, unsere Jugend …
von Sylvia Pommert
80 S., gebunden, zahlr. S-w-Fotos
(ISBN 978-3-937924-61-8)

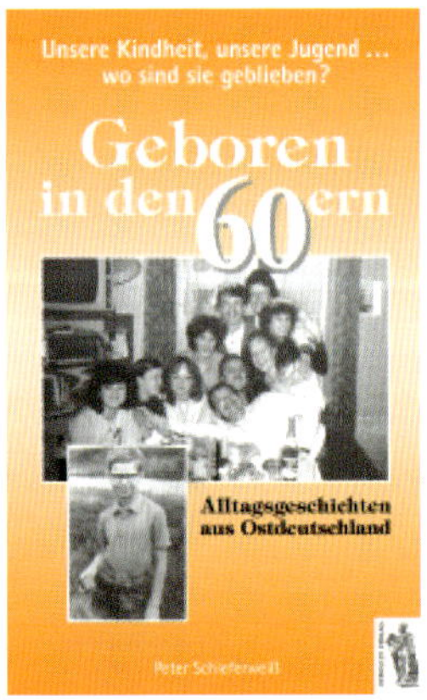

Geboren in den 60ern
Unsere Kindheit, unsere Jugend …
von Peter Schieferweiß
88 S., gebunden, zahlr. S-w-Fotos
(ISBN 978-3-937924-71-7)

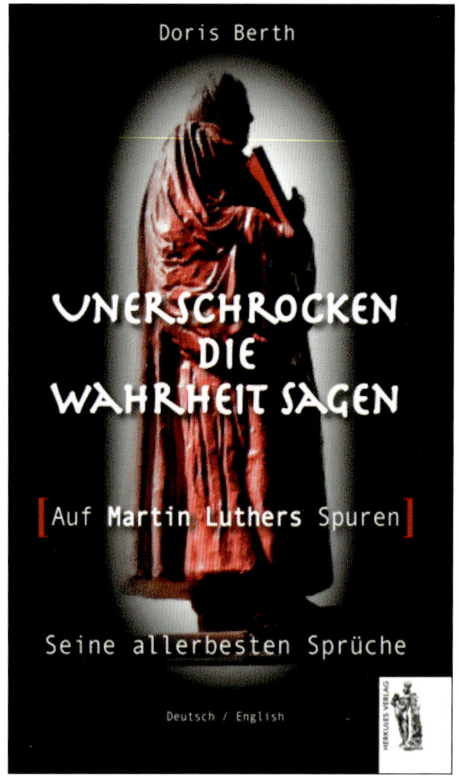

Unerschrocken die Wahrheit sagen
deutsch/englisch
Auf Martin Luthers Spuren
Seine allerbesten Sprüche
von Doris Berth
64 S., gebunden, zahlreiche Farbfotos
(ISBN 3-937924-40-X)

Herkules Verlag • Richard-Strauß-Straße 33 • 34128 Kassel •
(0561) 9 37 17 38 • www.herkules-verlag.de